K.G. りぶれっと No. 50

いま、ことばを立ち上げること

林　香里・細見和之・石井伸介・細川周平［著］

関西学院大学出版会

目次

あいさつ・趣旨説明

田村和彦
（関西学院大学教授）

「ことば」と「言葉」

「いま、ことばを立ち上げること」という表題と趣意は私が起草したものですが、先ほど講師の先生方と顔合わせをしたときに面白い質問がありました。「いま、ことばを立ち上げること」の、この「ことば」はなぜひらがななのかというものです。ひらがなの「ことば」は、私も意図を持って使っています。言葉には、もちろん「言の葉」を意味する漢字もありますが、ほかにも「詞」や「辞」などを使う場合もあります。漢字の「言葉」と、ひらがなの「ことば」との大きな違いは、前者がいわば大文字の概念であり、後者が小文字のものであることだと思います。大文字の言葉が公的な、パブリックな意味での発信や発言、言論などに使われるのに対して、小文字の、ひらがなで書かれることばは、もっとプライベートな領域、もしくは間柄で使われるものと言ってもいい。「ことば」と書くときの仮名書きを、女文字と呼ぶことがありましたが、それは古来、女性だけではなく、公的な領域にかかわりにくい「小さきもの」たちに似つかわしい、プライベートな、もっと発信者に寄り添ったメディアと言えるかもしれません。シンポジウムの表題を考えるにあたって、私はやはり、ひらがな書きされる「ことば」に、言論や出版などの公的な領域と、私的な領域を含みこんで考えました。本づくりや出版は公的な領域と私的な領域とを「ことば」、あるいは「言葉」によってつなぐ活動でしょうし、あるいは大学での授業も本源的にはこの活動にかかわるものです。今日の講師としてお話しいただける細見先生が実際に行っておられるような、詩を書く、音楽を演奏する、という活動もこの「ことば」の立ち上げにかかわるものかもしれません。出版に携わる者として、その現場をもう少し見直してみようというのが、このシンポジウムの主旨の一つです。

言葉への信頼

「ことば」が取り巻かれているもう一つ重要な局面については、シンポジウムの中で林先生が最初の講演で扱ってくださいます。これはむしろ大文字の「言論」にかかわるもので、ご承知のとおり現在は公に流布する言葉、マスメディアにおける言論というものが極端に軽視されたり、あるいは信用度を失うなど、混迷の度を深めています。たとえば、「真実」はおろか、それを構成する個々の「事実《ファクト》」そのものの存在すら疑われることさえあります。「真実」とはそもそも何かというのはもちろん議論が分かれることですが、むしろ驚くべきは、「別の真実」post truth があるという言説や「事実もとり方によっては一つではない」という意味での alternative facts というような言葉が大手を振るっている現状です。ジョージ・オーウェルの

『1984年』という小説が近頃再評価されているようですが、その中には、全体主義的な国家で人々の言論を管理する「真理省記録局」なる機関が登場します。言論が、真実や記録というものを管理する機関の手で改ざんされるという、小説の中のある種悪夢のような出来事が、われわれの周りでも徐々に広がっている気さえします。

この種の言論軽視ですぐ思い浮かぶのはトランプ大統領で、彼はそもそも文書を読まない、外国文書すら読まないと報道されているようですから、本はほとんど読んでいないと思います。その日の朝に思い付いたことをSNSでつぶやいて、それを内政や外交に反映させているとさえ言われます。ともかく、言葉というものの価値や信頼度が非常に揺るがされている状況が今の世界には広がっているようです。その中で、どう言葉というものを守っていったらいいのか、あるいはどう発信していったらいいのかということが問われているのだと思います。

それともう一つ、これは今日の講演の中で触れる方はおられないのですが、私自身が大学の教育の場で見ての経験から、お話をしたいと思います。つい一週間ほど前に、新聞で次のような記事を読みました。近畿大学が新しいキャンパスをつくって、七万冊以上を収蔵する図書館を建てましたが、それは二四時間オープンだそうです。七万冊のうちの二万冊がマンガであるということも結構話題になりました。ただその記事の中で、この図書館がスマートフォン用のアプリを使って、それがFacebookやTwitterのアプリと連携することで、学生個々が読むにふさわしい本を、たとえば知的好奇心だとか責任感、社交性、優しさ、不安といった指標で数値化して選び、学生の興味や志向にそった「お勧め本」として紹介してくれるというのです。その紹介が正しいかどうかはともかく、ここまでして鼻先まで持ってこないと、学生が本を読まない、という傾向には歯止めがかけられないようなのです。

シラバスという契約書

それに関連して、全国大学生協連合会による学生生活実態調査からも学生の「読書離れ」は明らかです。それによると、一日の読書時間がゼロと答えた学生が五年連続で半数を超え、昨年の統計では五三・一％にのぼるそうです。とにかく学生は本を読まない。これは、今日シンポジウムの場に来ていただいている一般の方々には非常に不思議なことに見えるかもしれませんが、私自身が教えている現場でも、実際に進行している出来事です。「先生、なぜ本を読まなければいけないのですか」と真顔で聞いてきたり、あるいは、授業のために必要な教科書すら買わない学生が増えています。なぜ買わないのかと尋ねると、試験に出るものだけで十分で、無駄な情報は不必要だ、というのです。教員が教科書を指定すると、「先生、この授業ではこの教科書は何％使いますか。五〇％以上なら買いますけれど」という、冗談のような受け答えが本当にあります。

ただこうした現象の背景には、学生の読書欲・読書力が減ってきたということも、もちろんあると思うのですけれども、もう一方で、大学の側にも「ことば」を通じて大学が提供し、共有しようとする知の水準が低下してきているということもあると考えます。

それに関して、このごろ特に気になることがあります。ほかの大学でも同様ですが、関西学院大学でも毎年、秋学期が中盤を迎えた一一月から一二月にかけて、来年度の授業開講に向けた「シラバス」の記載が始まります。シラバスは各授業の内容をこと細かく記載し、紹介したものです。ただ、毎回の授業内容を記載するだけではなく、「この授業の目的はこれこれです」とか、「この授業を履修するとこれこれの能力が育ちます」とか、学生の立場からの授業の内容保証の担保となるような書き方に徐々に変わっています。つまりシラバスとは、この授業ではこういうことをやります、とその内容と評価基準を明記した学生との契約書のようなものなのです。逆に言えば、このシラバスにうたっていないことをやると、これは契約違反というふうになってしまいます。私自身にとっては、このシラバスの記載が義務付けられるようになり、さらに細かい契約書のようなものを書くことが強制されるようになってから、授業が本当に楽しくないものになってきています。シラバスで書かれた枠内のことしか教えられない、というわけではなく、もちろんそれ以外のことを話しても、教えてもいいのですが、教育の中に「授業の質保証」のような学生との契約関係が持ち込まれ、その提示を常に求められることで、大学の教員の言論もまた大いに縛られるのではないかと思います。このこともまた、学生が自ら新たな知識を求めたり、知識の幅を広げようとする読書への欲求を低めることにかかわっているのではないかと思います。

さらにもう少し大きな話につなげると、関西学院大学をはじめとする私学はまだそれほど大きな影響を受けていませんが、二〇一五年から、国立大学に対する人文系学部の廃止が話題になっています。これなども、やはり役に立つ学問や資格などが重視されて、大学の中からいわゆるリベラルアーツに属する学問分野、研究分野が徐々に削られていく現状があります。このこともやはり私には、「ことば」というものの価値と水準がどんどん下がっていることと連動しているように思えてなりません。

シンポジウムに登壇していただく方を簡単に紹介すると、最初の林香里先生は、先ほど私が触れた「フェイク・ニュース」や「オールタナティヴ・ファクツ」が大手を振るう公的な言論・マスメディアにおいて、「言葉はなぜ立ち上がらないのか」という切り口から、現在われわれを取り巻いている状況についてお話いただけると思います。

次の細見和之先生は、もともとはドイツ思想研究者であって、同時に神戸・ユダヤ文化研究会を運営すると共に大阪文学学校の学校長を務められ、さらに先ほどお話を聞いて、個人的にバンド活動をやっていらっしゃる、ということまでわかりました。つまり、言葉の立ち上がる現場のようなものに非常に深く、特別な立場でかかわっておられる方です。それからもちろん詩人でもあります。ここでは、言葉が持っている、忘却にあらがうという機能が注目されます。アドルノやベンヤミン、あるいは先生が専門にされているツェランなどについて、忘却にあらがう言葉の機能、あるいは忘れがたい事実を言葉がどう記録するかについてもお話いただけることと思います。

次の石井伸介さんは、出版社で出版にかかわっていらっしゃいます。私もこの機会にいくつか石井さんが編集された本を読みました。特に面白かったのは、すでに閉店してしまった神戸の書店、海文堂の閉店に至るまでのドキュメントです。その本を読みながら改めて銘記したのは、書店という施設が、単に本を売るだけではなくて、人と人とをつなぐ、あるいは、人と本とをつないでいくような回路になっているという事実です。そのような重要な回路も、近年だんだん失われて、町の書店は次々に消えています。われわれも、本を買うときはネットで買うようなことが多いのですが、実は本というメディアの流通には、人とのつながりや、目に見える書棚やディスプレイの存在がすごく大事であるということを実感しました。

それから、四番目に登壇なさる細川周平先生ですけれども、細川先生は一九八〇年代にすでにいくつかの音楽関係の本で鮮烈なデビューをなさり、私自身も『ウォークマンの修辞学』や、『トランス・イタリア・

エクスプレス』といった本が出されたばかりにいくつか読みあさった経験があります。今回はブラジルでのフィールドワークを経て、近年細川先生が取り組まれている海外での日本文学の創作、というテーマの枠内で、「ブラジルで書く日本語」についてお話いただきます。日本という地理的・政治的な枠組みから遠く離れ、日本からすれば辺境にあたるような場所でどう日本語が維持され、文学の言葉になるのか。遠い昔に日本を離れ、辺境で暮らす人々がなぜ日本語を保存しようとするのか。日本語という「ことば」の保存と発信の現場をつぶさにたどった、非常に面白い、興味深いお仕事だと思いました。ここでは、言葉と共同体の連携の可能性をもう一度考え直す、あるいは、われわれがどう「ことば」を立ち上げていくのかということを、もう一度原点に立ち戻って考える可能性が問われているのではないかと思います。

進行に関してですが、それぞれの発表者に対する質問票を用意しています。これは休憩時間に回収し、最後のパネル討論で各講師にご回答いただきますので、会場の皆様には活発に議論を盛り上げるために、ぜひ自由に書いていただければ幸いです。

言葉はなぜ立ち上がらないのか？
「メディア不信」と日本社会の行方

林　香里
（東京大学教授）

ジャーナリズムは出版とも深く関係します。したがって、今日は、私の専門であるジャーナリズムについて話すことをお許しください。二〇一七年に『メディア不信　何が問われているのか』という新書を岩波書店から出版させていただきました。メディア不信は、今はいろいろなところで話題になっていますよね。今のメディアは駄目だとか、ジャーナリズムはなっていないというような、厳しい声が聞こえてきます。私自身もジャーナリズムについて、あるいはマスメディアについて、いろいろと不満もありますし、もっとしっかりやれという思いもたくさんあります。しかし、メディア不信は、そうしたメディアだけの問題ではない、私たち皆で共有すべき社会の問題でもあると思います。

したがって、この「メディア不信」という言葉を私たちの問題としてどう捉えるべきか、これは私たちの生活にどう関係があるのかという思いでこの本を執筆しましたし、今回もそういうお話をしたいと思います。単にメディアが駄目だという話で止まってしまうと、ジャーナリズムやマスコミ業界の話だけになってしまうのですが、そうではなくて、私たちの問題としてお話をしたいのです。

いただいた時間が二〇分なので、十分にお話ができないのですけれども、今回、まずはドイツ、イギリス、アメリカの三カ国それぞれの社会で「メディア不信」がどう考えられているかについてお話しします。その上で日本社会での「メディア不信」がどうなっているかということをお話ししたいと思います。

ドイツ

私は二〇一六年の四月から一年間、在外研究の機会をいただき、四月から一二月までアメリカ、二〇一七年の一月と二月がロンドン、三月にはベルリンに滞在しました。

まず、このグラフ（図1）は、ドイツのケースです。二〇一四年はドイツにとって、シリアからの難民が大量に流入し、いわゆる「難民危機」を迎えた年でした。その二〇一四年から二〇一五年にかけて、党派別のメディアへの信頼度をグラフに表したものです。すると、明らかに、政治的に右派を支持する人たちのほうがテレビについても新聞についてもラジオについても、メディア不信の度合いが上がっています。これはなぜかというと、二〇一四年から二〇一五年にかけて、ドイツのメディア

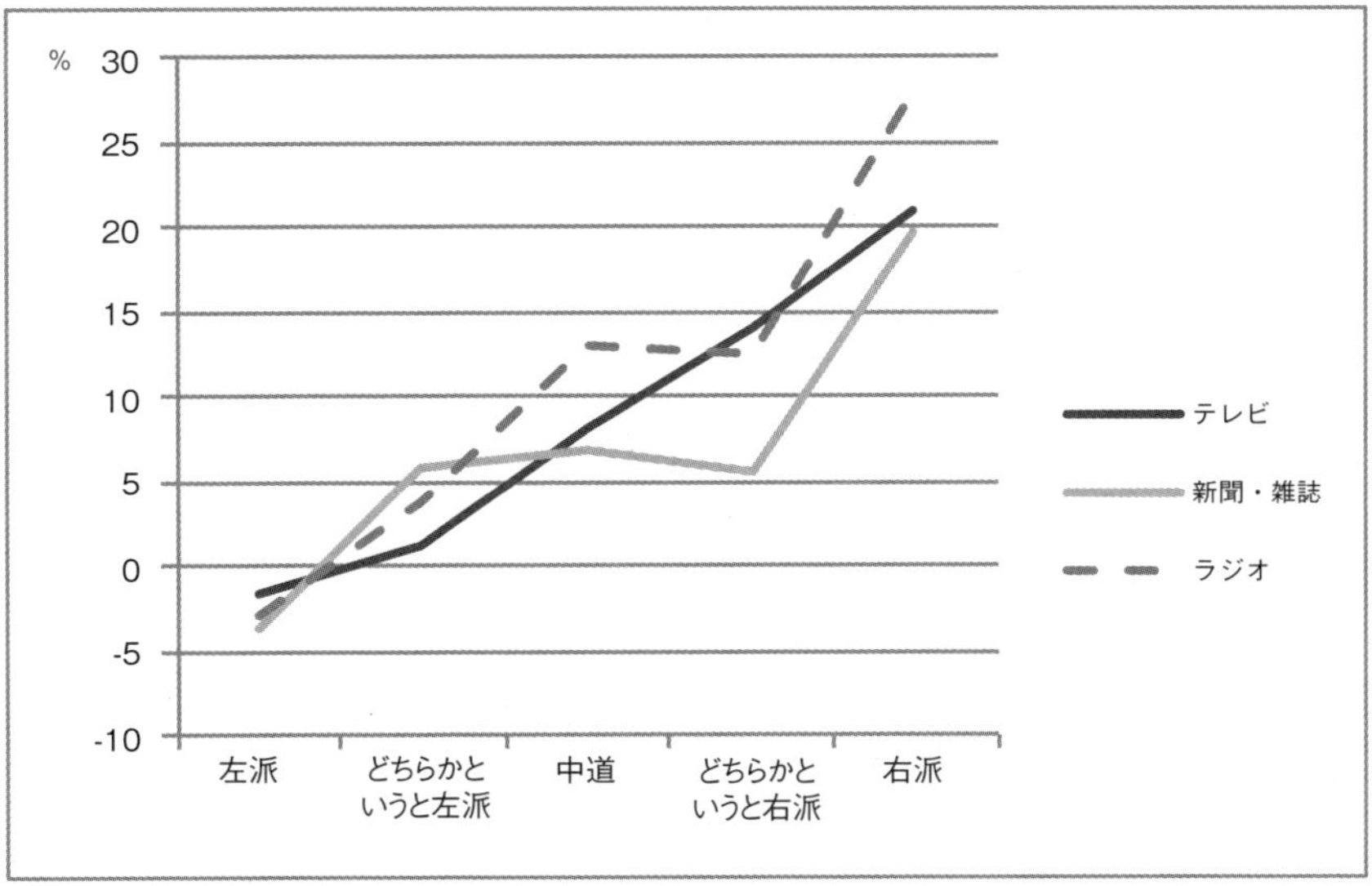

図１　ドイツ難民危機（2014 年）から１年後の党派別メディア信頼度の変動

のほとんどが難民受入れを支持したのですが、保守派や右派は難民受入れに懐疑的、あるいは反対でした。メルケル政権および主要メディアの論調がドイツの「難民歓迎文化（Willkommenskultur）」を宣言した一方、その反対意見は「メディア不信」として表れたとも言えます。

そのことを裏付けるように、ドイツでどのような人たちがメディアを信用していないかをより詳しく調査した結果、難民を助けるべきではないと考えている人のほうが、メディアに対する不信感も強いということもわかりました。あるいは、回答者が自身の経済状況をどう評価するかを聞いた項目との関係を見ると、自分の経済状態が悪いと考えている人のほうに、メディアへの不信感が強い人が多いこともわかっています。

また、ドイツでは自分を政治的にリベラル、あるいは左派だと考えている人のほうが、メディアを信頼すると答えている人が多く、政治的に右派のほうが、メディアを信頼している人と答える割合が少ない。そういうことから考えると、ドイツの場合、「メディア不信」と一括りに言われる状況は、リベラルな知識階級やジャーナリズムに対抗する、保守派や右派からの不満を表すものだということがわかります。その傾向は、近年の社会全体の右傾化の傾向によって増幅されていると言えます。

ドイツでは、二〇一七年に連邦議会の選挙がありました。そこでＡｆＤ（Alternative für Deutschland: ドイツのための選択肢）という、極右政党が連邦議会に進出しました。ＡｆＤの筆頭候補の一人は女性でした。この人は、一見すると美しいキャリアウーマン風で、自らレズビアンだと公表しています。彼女のパートナーの方も、ちょっとエスニックな感じの、ドイツ人ではない方です。しかし、そんな彼女の演説は極めて人種差別的、排外主義的なもので、第二次世界大戦後、国を挙げてナチスの歴史を反省し、いわゆる「リベラル・コンセンサス」を国是としてきた国で、このような言論が政治家によって堂々と主張されること自体、私にとってはにわかには信じられないものでした。こうした人たちは、難民受入れに寛容なドイツの政治家やメディアを、実は国民にウソをついているのだと攻撃していました。

イギリス

次にイギリスです。イギリスのメディア不信はちょっと面白いです。イギリスにはＢＢＣという強大な公共放送局があって、これはイギリス文化の誇りでもあるわけです。ということで、テレビやラジオといった放送部門は、ＢＢＣがあるために、全体的に信頼度が高い。これに対して、イギリスで一番信頼されていないのは、新聞です。新聞は、インターネットよりも信頼されていない。これがイギリスの「メディア不信」の特徴です（図２）。この点をご説明いたしますと、まず、イギリスの新聞は、階級によって読むものがはっ

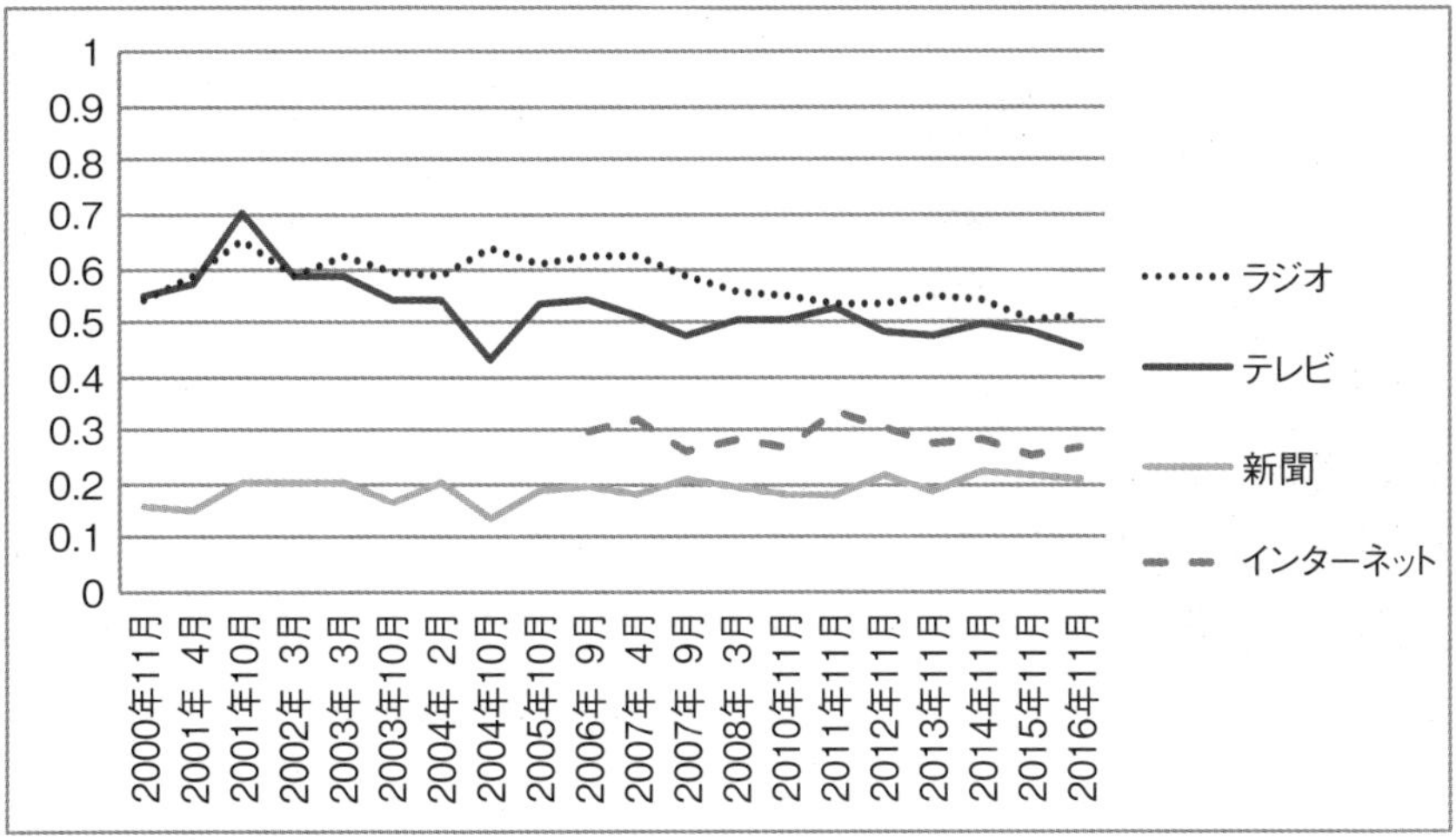

図２　イギリスのメディア別信頼度

（出典：ユーロバロメーター　http://ec.europa.eu/COMMFrontOffice/publicopinion/index.cfm/Chart/index#）

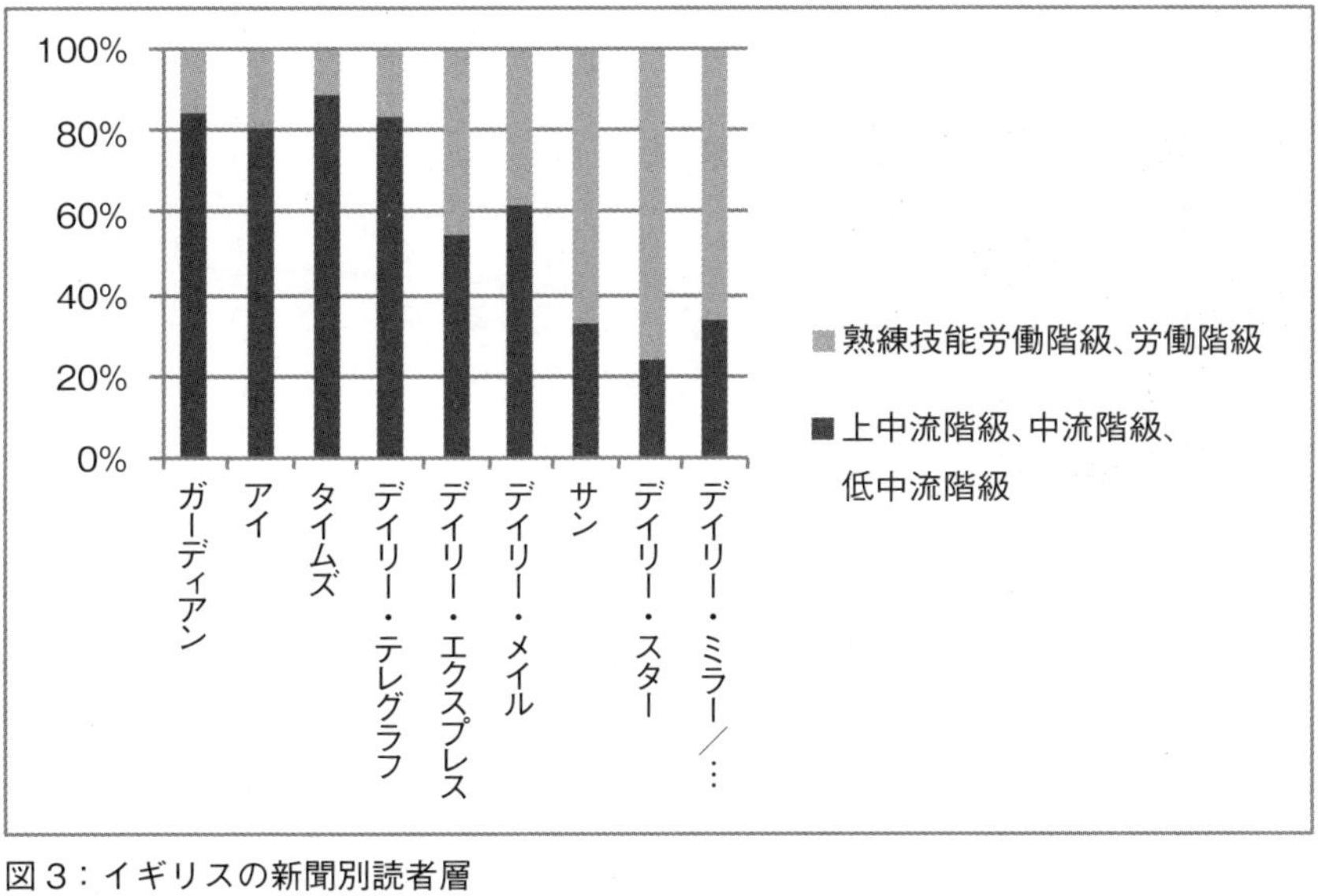

図３：イギリスの新聞別読者層

週日全国紙の読者層の調査 2016 年 4 月〜 2017 年 3 月調査をもとに筆者作成

（出典：National Readership Survey　http://www.nrs.co.uk/latest-results/nrs-print-results/newspapers-nrsprintresults/）

きり分かれています（図3）。『ガーディアン（The Guardian）』など、図3のグラフの左側にある新聞は、高級紙と呼ばれ、難しい言葉を使う新聞で、中流階級以上を中心に読まれています。他方で、図3で右側に行けば行くほど大衆紙と呼ばれる新聞があります。これらは労働者階級に人気があります。

　そして、イギリスで最も「メディア不信」を招いているのが、これらの大衆紙なのです。こうした大衆紙は、部数売り上げのために、堂々とウソをつく。誤報を垂れ流す。これは大衆紙『サン』の表紙ですが（図4）、女王がEU離脱を支持したと。まったくウソですけれども。こちら（図5）は、難民が大挙して押し寄せるのはEUのせいだというつくり話を、一面全面で報道しています。この図にあるようなEU域外から来る移民問題と、イギリスのEU残留か離脱かという議論とは直接関係がないのですが。しかし、大衆紙は、こうした「ニュース」をキオスクなどの目につくところで売るわけです。大衆紙は、こうした「ガセネタ」を報道するだけでなく、ネタをとるためならば取材の手段も択ばない。有名人やロイヤル・ファミリーのスキャンダルやゴシップのためなら、追っかけ、盗撮、盗聴なども厭わない。そのセンセーショナリズムは、イギ

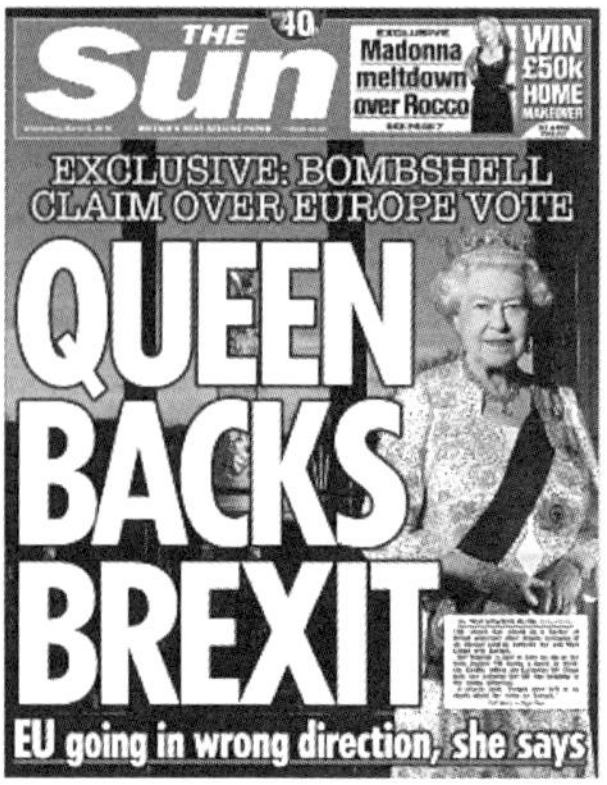
THE Sun
EXCLUSIVE Madonna meltdown over Rocco
WIN £50k HOME MAKEOVER
EXCLUSIVE: BOMBSHELL CLAIM OVER EUROPE VOTE
QUEEN BACKS BREXIT
EU going in wrong direction, she says

図4 『サン』表紙

Daily Mail
As politicians squabble over border controls, yet another lorry load of migrants arrives in UK declaring ...
WE'RE FROM EUROPE — LET US IN!

図5 『デイリー・メイル』表紙

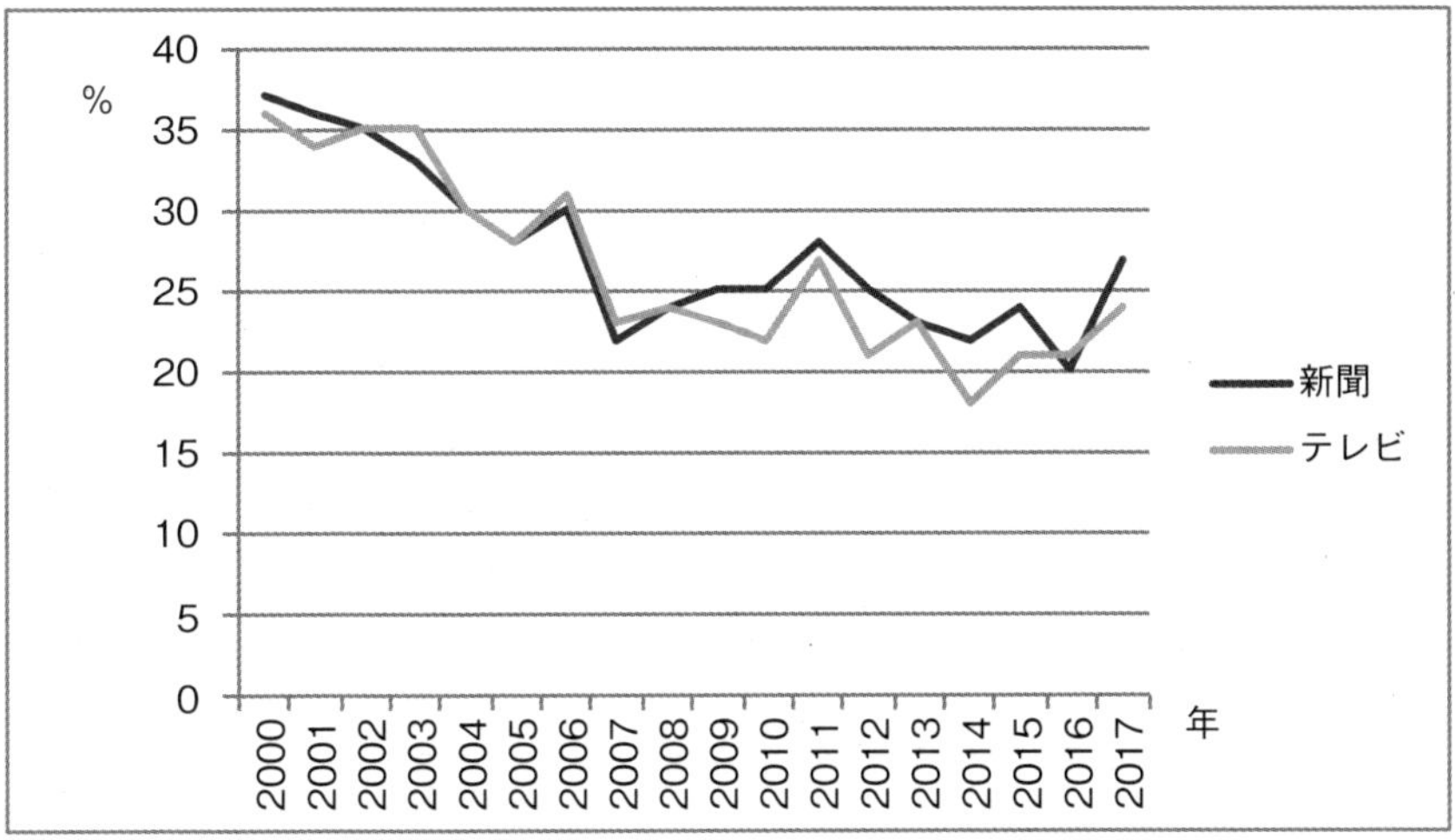

図６　アメリカのメディア別の信頼度
（出典：Gallup Ne w s Service
http://www.gallup.com/poll/212852/confidence-newspapers-low-rising.aspx
http://www.gallup.com/poll/171710/public-faith-congress-falls-again-hits-historic-low.aspx
http://www.gallup.com/poll/171740/americans-confidence-news-media-remains-low.aspx）

リスの社会問題にもなってきました。それだから、イギリスの場合は、左派知識人はとくに大衆紙を嫌う。イギリスの「メディア不信」の内実は、ほぼ、大衆紙に集約されるというお国柄です。

アメリカ

アメリカのほうを見てみましょう。これはギャラップという調査会社の新聞とテレビの信頼度調査です。イギリスとは異なり、新聞もテレビも、ほぼ同程度の信頼度で推移しています。新聞であろうがテレビであろうが、すべてが自由市場と商業主義に任され、規制も少ないアメリカならではの結果でしょう（図６）。

ところで、次の資料を見てみると、アメリカでは、共和党支持者のほうが、民主党支持者よりもメディアを信頼している度合いが低い（図７）。アメリカは二大政党制をとっていますが、まさにこの二つの政党支持者の間でメディアへの信頼度に大きな差が

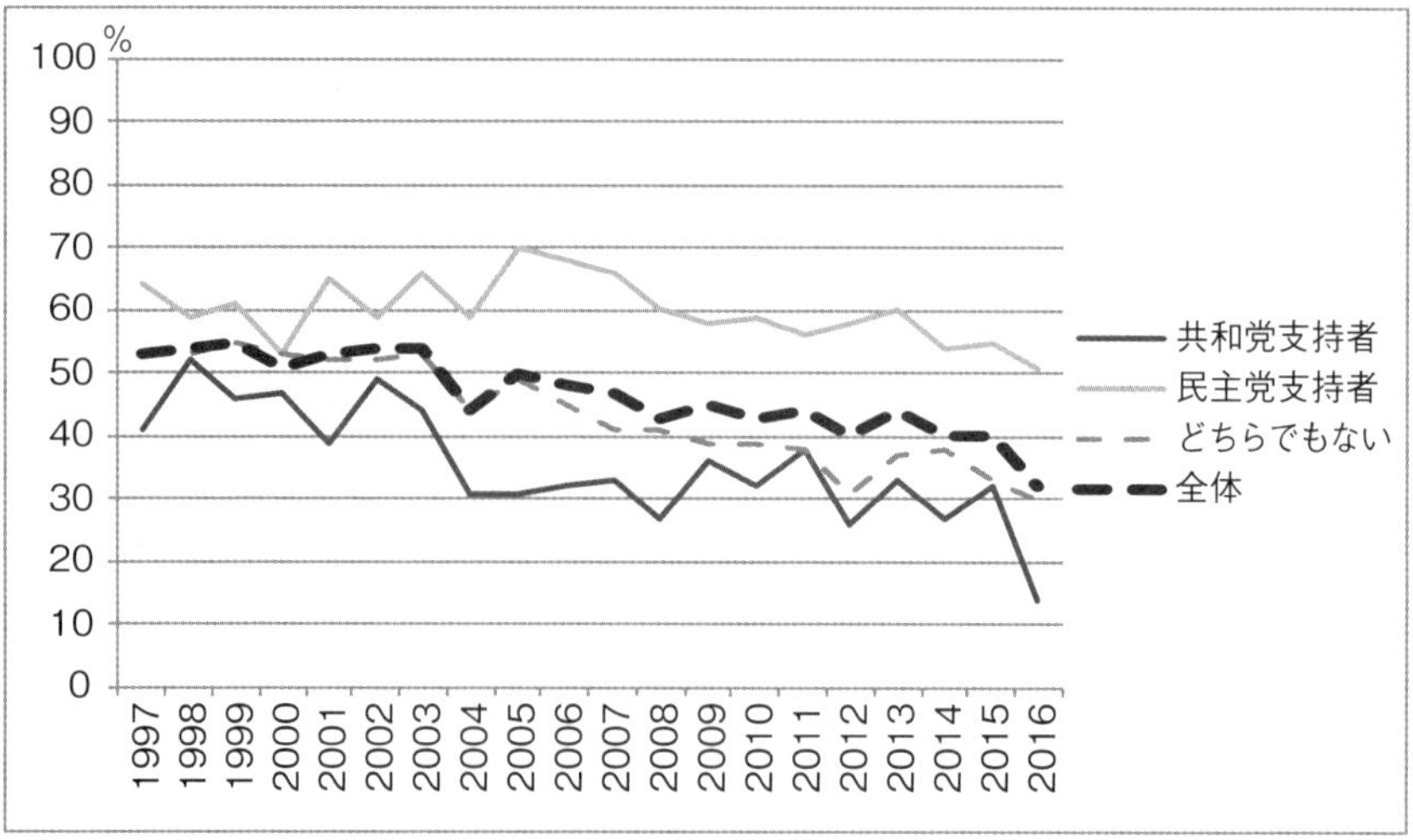

図７　アメリカにおける支持政党別のメディアへの信頼
（出典：http://www.gallup.com/poll/195542/americans-trust-mass-media-sinks-new-low.aspx）Americans' Trust in Mass Media Sinks to New Low by Art Swift September 14. 2016

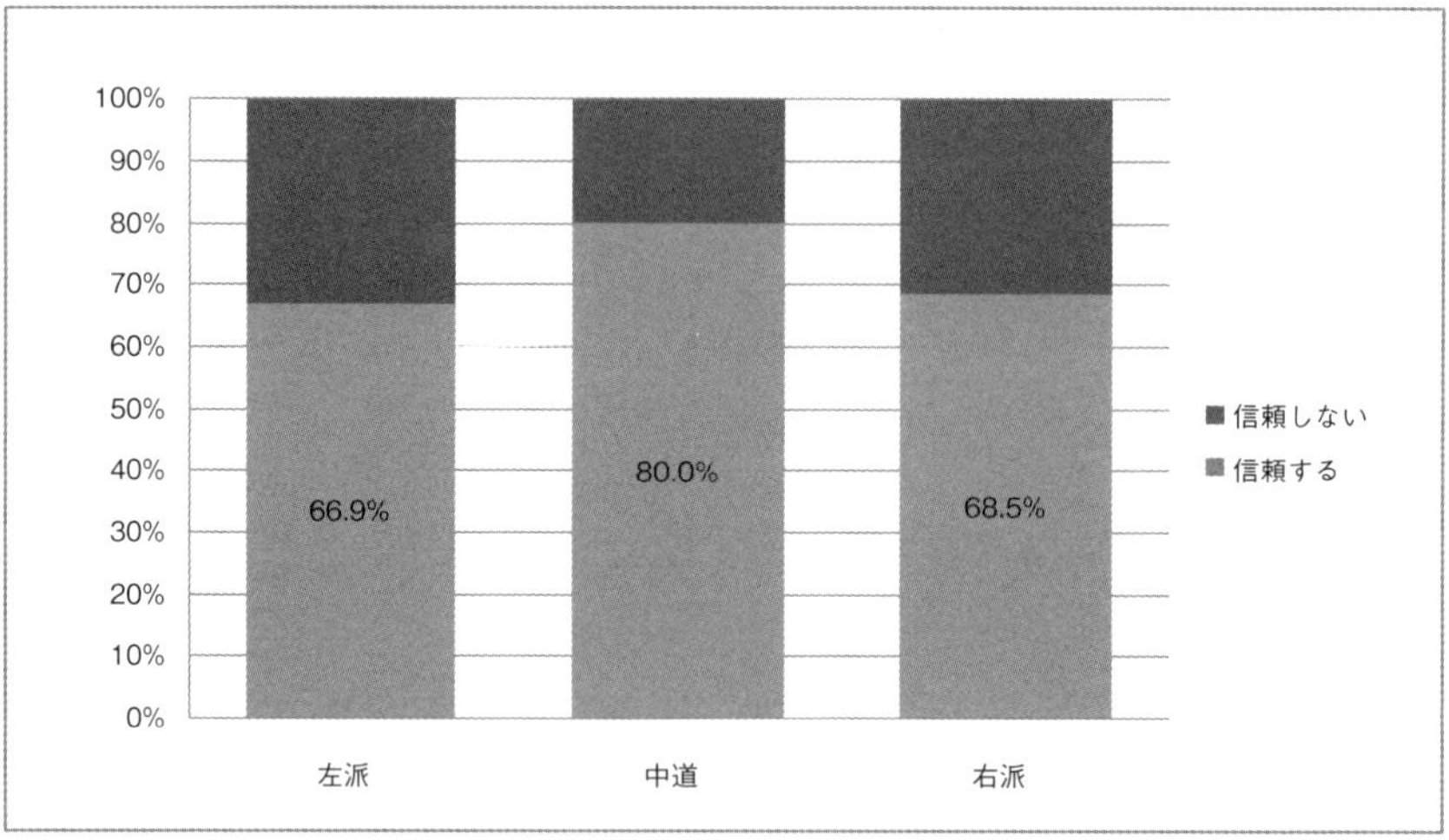

図８　メディアと党派性日本
出典：Reuters Institute 2017

あることが、アメリカの最も特徴的なところと言えます。つまり、アメリカの場合、右派のほうにメディアを信頼しない人の割合が突出しています（図8）。このグラフから明らかなのは、アメリカのジャーナリズムは、そもそもリベラルな言説からなっており、リベラルな人たちによって支持されてきた、アメリカ・リベラリズムの原動力とさえ言ってよいのだと思います。たとえば、アフリカ系アメリカ人の権利主張や、移民受入れ問題について、大半のジャーナリズムは陰に陽に支持を表明してきました。また、二〇一六年の大統領選では、全米の主要新聞のうち七六紙がヒラリー・クリントンを支持しており、ドナルド・トランプを支持したのはたった二紙しかありませんでした。そういう雰囲気の中で、アメリカの保守層や右派は、アメリカのメディアに非常に不満を募らせてきたのです。

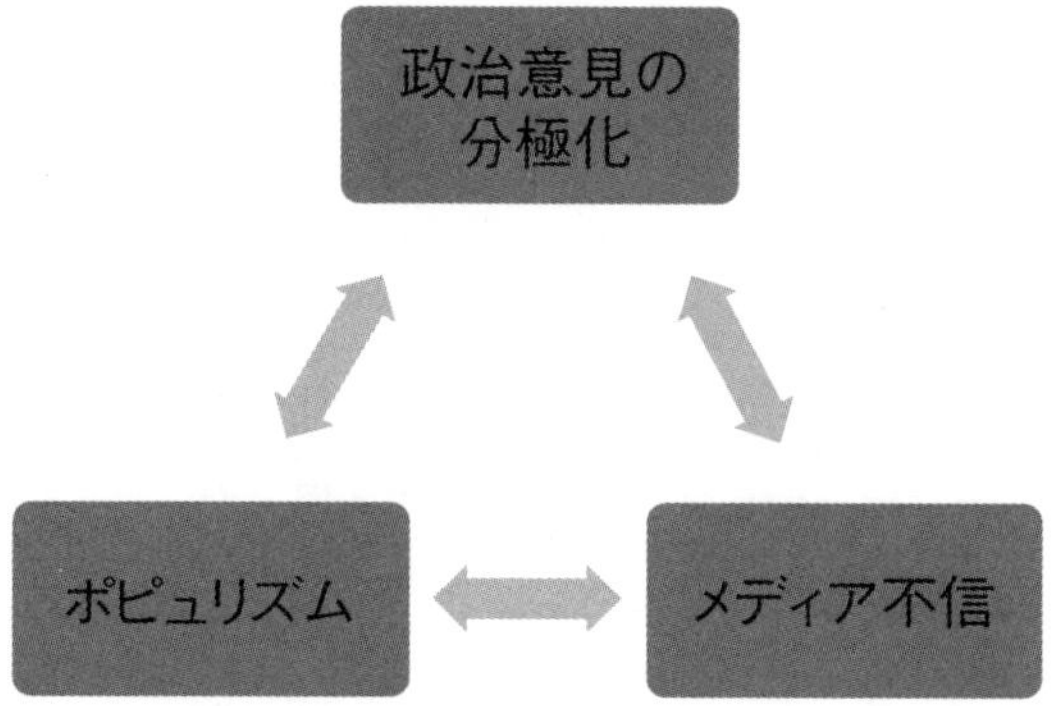

図９　欧米のパターン

　ということで、保守層や右派と目されるトランプ大統領の支持者たちの間には、アメリカのメディアは自分たちの声を代弁してくれないという怒りがあるのです。トランプ大統領はその状況をよく知っているから、自分の気に食わないリベラル・メディアを「フェイク・ニュース」と非難してはばからないのです。

　トランプ氏の選挙戦中、トランプ陣営の選挙対策本部長となり、大統領就任後には首席戦略官となったスティーブン・バノンは、非常に右翼的な言論のウェブサイト「ブライトバート・ニュース」を運営していました。このインターネット・ニュースサイトは、トランプ陣営に多額の献金をした億万長者が寄付をして立て直しを図り、右翼系ニュースの巻き返しを図ったとも言われています。

早足で概観しましたが、ドイツ、イギリス、アメリカでは、政治的な意見が非常に分極化しており、その背後にはそれぞれの思想を支持するメディアがあり、そうしたメディアが大衆のポピュリズムを下支えしながらメディア不信を助長し、社会を分断しているというサイクルができてしまったのだと思います（図9）。

日本のメディア

では、日本では、メディアと政治と社会の関係はどうなっているのか。図10は、新聞通信調査会が出しているメディアごとの信頼度調査の結果です。日本の場合、メディアの信頼度は、かなり安定しており、大きく振れているわけではありません。では政治の党派性とメディアの関係はどうかというと、政治的に左派よりは右派のほうがメディアを信頼する人の割合がわずかに高いですが、ここにもアメリカのような大きな差は見られません。

しかし、ほかの調査結果を見ると、少し日本の特徴が見えてきます。たとえば、「あなたは、メディアのニュースを、およそ信頼しますか」という質問をすると、「はい」と答えた人の割合は、四カ国のうちでは、順位がドイツ、日本、イギリス、アメリカという順番で並びます。これとは異なって、「あなたは、あなたが利用しているニュースのほとんどを信頼しますか」と質問を変えて聞くと、日本の場合は、「はい」と答えた人の割合が、先ほど、メディアを一般的に信頼するかという質問で「はい」と答えた人と、さほど変わらないのです（前者が四三％、後者が四四％）。ところが、アメリカでは、一般的には信頼するという人が

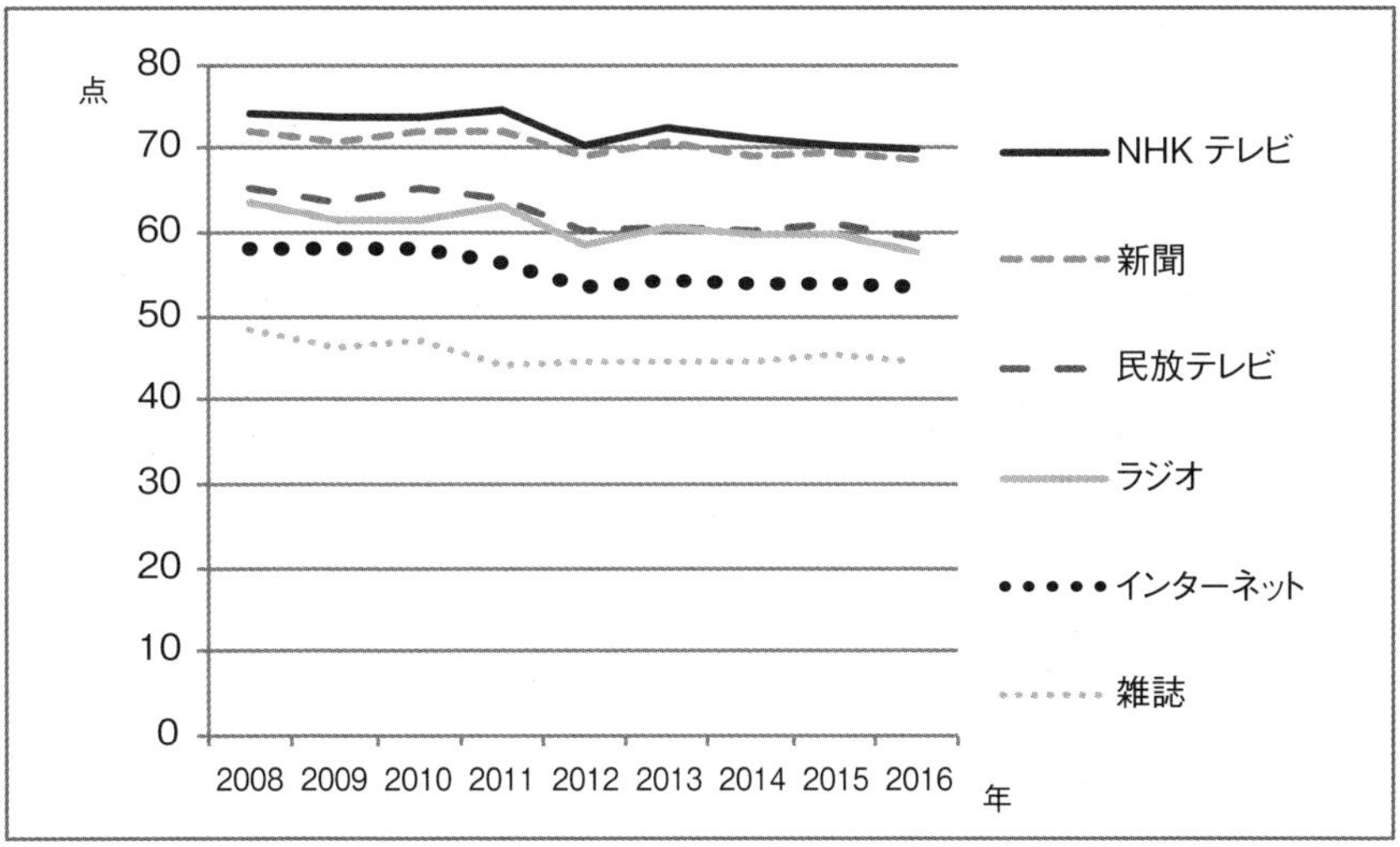

図 10　日本におけるメディア別信頼度

各メディアの情報をどの程度信頼しているかを、全面的に信頼している場合は 100 点、全く信頼をしていない場合は 0 点、普通の場合は 50 点として点数をつけてもらったところ、平均点が最も高かったのは「NHKテレビ」で 69.8 点、次いで「新聞」が 68.6 点、「民放テレビ」が 59.1 点となっている。
http://www.chosakai.gr.jp/notification/pdf/report11_2.pdf
第 9 回メディアに関する全国世論調査（2016 年）公益財団法人 新聞通信調査会

三八％しかいないのですけれども、あなたが利用するメディアを信頼しますかと聞くと五三％に増えます。ドイツ、イギリスも同様です。こうして、欧米の場合は、いわゆる自分が信頼を置いて利用する「マイメディア」があるのですけれども、日本の場合はそんなに「マイメディア」を選ぶことにこだわっていない様子がわかります。日本人はどのメディアを利用するかということにこだわりがなく、関心も寄せていない。

さらに、日本人は、ニュースを読んで、それを友だちや同僚と議論する習慣がないことも調査から明らかになっています。たとえば、「先週、どのような形でも他人とニュースをシェアしなかった」と答えた人。これは、友だちや家族と対面でおしゃべりをした、ツイートした、Facebook でシェアしたなど、ニュースをもとに他人と交流するならどんな方法でもいいんです。すると、一週間、他人とニュースをどのような形でもいっさい話題にしなかったと答えた人が、日本では六二％に上りました。これは、四カ国中一番割合が高いのです。とくに、ニュースをオンラインでシェアすると答えた人は五％しかいなかったし、口頭で話をしたと答えた人も一九％しかいなかった。いずれも四カ国中最低ですし、世界的なレベルで見ても最低レベルです。

日本人は、このほか、政治参加一般に消極的です。政治参加に関する行動で、「これまでもやったことがなく、今後もするつもりがない」と答えている項目には、マスコミに意見をする七六％、政治集会六九％、デモ七五％、政治家や公務員への意見七三％とすべてにおいて高い数字が出ており、他人と政治や社会に関して何らかの意見をシェアしたり、議論したり、意見表明活動に参加したりという行動に非常に消極的な国民だと言えると思います。

ということで、日本の場合は政治への無関心が目立つ。投票率も一〇代、二〇代では三〇％台に落ちてしまうのですけれども、これは自分一票によって政治を変えられるんだという政治的な有効感覚が国全体で失われており、日本人は政治に対して非常にシニカルになっていることが見えます。

日本の「マイメディア」

では日本は、国民全員が政治に関心がなくて、無気力・無関心の国なのかというと、そこはちょっと違うのではないかと思うところもあります。たとえば現在、日本でもリアルな世界でもサイバースペースでも、排他的な、ヘイトスピーチと呼ばれるような言論や表現が出てきていることは、皆さんもご承知のところと思います。

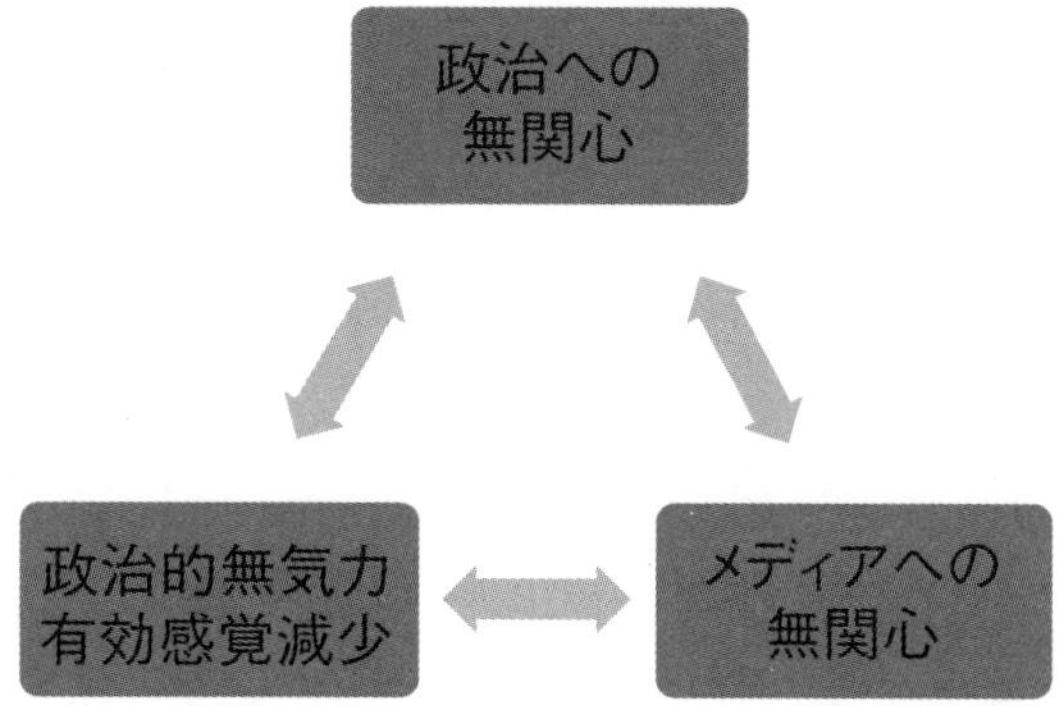

図11 日本のパターン

また、特定の思想を強く押し出して読者にアピールし、「マイメディア」となることを狙う新聞も出てきています。たとえば、ビデオリサーチの調査では、『産経新聞』を選んだ理由として「論調や考え方に共感できる」と答えた人は三六％いました。『読売新聞』の場合は一三％です。日本でも、『産経新聞』のように、意見傾向をはっきり示して特定の思想の応援団のようなタイプの新聞が出てきています。

最後に、日本のメディア企業は、ほかの国と比べて今のところは経済的に盤石です。これまでも、倒産や合併などによる企業の淘汰《とうた》はほとんどありませんでした。日本のメディアは盤石でつぶれないだけに、市民にはあたり前の存在になり過ぎていて、それが無関心を加速させる側面があるように思います。

結論として、日本の国民は、政治に対して、内的な政治的有効感覚もない。そして、ニュースをもとに論争するために、さまざまな傾向のマスメディアの中からマイメディアを選び取るということもしない。ネットが普及しても、友だち同士でニュースをシェアしたり、ライクを押したりという交流もしない。ニュースに関心なし、政治に関心なし、メディアに関心なし、と「ないない尽くし」の日本。その状況は右の図（図11）で示されるように思います。これでいったい誰が言葉の力を信じているのかなと、将来的にちょっと心配になってきませんか。というのも、民主主義が拠って立つ信念は何か。ここで民主主義思想について述べた、政治学者福田歓一先生のお言葉を引用します。

一、正しい決定に到達するためには、討論をすることに非常に積極的な価値があるという確信。
二、議論を戦わせていれば、もっといい考え方が見出されるものだという信念。
三、いろいろ議論をしているうちにだんだん問題がわかってくると、人の考え方も変化していくもので、説得によって意見分布は変わる可能性があるという信条。

（福田 一九七七、一五二頁）

民主主義とは、このような議論や言葉に強い信念を置いてこそ、初めて成り立つ社会の仕組みです。つまり、民主主義には、あるいは民主的な社会の実現のためには、言葉の力を信じることが基本になっているのです。「ニュースなんて別に私に関係ない」「政治なんて興味がない」「メディアが何をやっているかはどうでもいい」という日常的な態度、いずれもが、民主主義の危機につながっているのだと思います。

引用文献

（ただし、図の出典は各図に入れてあります）

福田歓一（一九七七）『近代民主主義とその展望』岩波新書、一九七七年。

小林利行（二〇一五）「低下する日本人の政治的・社会的活動意欲とその背景―ＩＳＳＰ国際比較調査「市民意識」・日本の結果から」『放送研究と調査』一月号、二二―四一。

生きる糧になる言葉をもとめて——大阪文学学校校長として

細見和之
（京都大学教授）

私の専門は、アドルノ、ベンヤミンなど、二〇世紀のユダヤ系の思想家、いわゆるフランクフルト学派です。私は学部、大学院とも大阪大学の出身ですが、学生時代にはヘーゲルを勉強していました。ほんとうはマルクスをやりたかったのですが、マルクスの文章にあまりなじめずに、マルクスをやるならまずヘーゲルを勉強しなければ、ということで、ヘーゲル、とくにヘーゲルの『精神現象学』という本を勉強しました。

学生時代に読んだヘーゲル『精神現象学』

私が大阪大学に入学したのは一九八〇年ですが、振り返ってみると、それはヘーゲル『精神現象学』を読むうえでは最適の時期でした。金子武蔵さんの岩波書店での翻訳——金子さんの翻訳では『精神の現象学』

――の下巻がその前の年ぐらいに出ました。上巻が七三年ぐらいに出ていて、数年後にようやく下巻が出たのです。金子さんの翻訳では膨大な注および注釈が付されています。簡単な言葉の説明から各章の内容の金子さんなりの解釈が述べられていて、翻訳の本文よりも注と注釈のほうが遥かに多くなっています。

私よりずっと上の世代ですと、樫山欣四郎さんの翻訳などで読まれていて、よほどの専門家でなければ、いまさら金子さんの翻訳を注釈付きで読み返したりはしなかったでしょう。一方、私より下の世代になりますと、長谷川宏さんの翻訳があって、こちらを読みやすく感じたのではないかと思います。やはりよほどヘーゲルを専門的に研究しようという学生でないと、金子さんの訳には手を出さなかっただろうと思います。つまり、一九八〇年代初頭に大学生であった私たちの世代は、ヘーゲルの『精神現象学』というと金子武蔵訳ということで、あれを熱心に読んだのです。

ちなみに、金子さんの「絶対知」――金子さんの訳では「絶対的に知ること」――の章の注釈では、「絶対知」の章のいちばん優れた解釈はマルクスの『経済学・哲学草稿』（現在では『パリ草稿』と呼ばれていますが）だとされています。そして、絶対知の成立とともに成立する社会形態がマルクスの想定していたコミュニズムであるのかどうか、立ち入って検討されています。ヘーゲルが個人的な所有を最終的に否定していないという点で、やはりそれはコミュニズムではなかった、というのが金子さんの解釈の大枠です。金子さんは、おそらく戦中の体験（自分自身をふくめて思想界が翼賛体制に組み込まれてしまったこと）への批判から、戦後、マルクスに対する意識も強かったのだと思います。それにしても、金子さんが「絶対知」の章の解釈でマルクスを持ち出されているところには、日本の戦後民主主義の姿が思わぬ形で示されているのではないでしょうか。私は、日本の戦後の意味が問われるときに、金子さんのこの姿を忘れず組み込む必要があるだろうと思っています。

キャンパスで溺れかけた他者の言葉の海

ちょっと変な話からはじめてしまったかもしれません。もう一つ今回のテーマで大事なのは、学生時代にヘーゲルを勉強しながら、同時に私が詩を書こうとするようになった、ということです。私は大学に入学して、自分には理解できない多くの言葉に大いに悩まされたのです。ヘーゲル『精神現象学』の言葉も難解でしたが、もっと別のところで、入学直後から私は自分の理解できない言葉に振り回されることになりました。

キャンパスではさまざまなサークルが活動していて、新入生の勧誘を行っていました。社会運動的な団体から宗教的な団体にいたるまでさまざまでしたが、地方出身の私は勝手がわからないまま、そのことごとくにひっかかってしまいました。「核兵器をどう思いますか?」「人生の目的はなんですか?」といったアンケートに真剣に悩み、なにごとかを一所懸命書き込み、最後には住所はおろか電話番号まで書いていたのが私でした。すぐさま呼び出しがあって、新左翼関係の党派の講演会や佛教の講話なんかにも顔を出さざるをえなくなります(私はオウム真理教の幹部らと同世代ですが、幸いまだ彼ら、彼女らの活動とキャンパスで接することはありませんでした)。そして、そういう団体で、ひょっとするとのちに出会ったヘーゲルよりもやっかいな言葉の海に溺れることになりました。おそらくそういう体験のなかから、私は自分の言葉というものを求めざるをえなかったのだと思います。

学生時代に同級生たちと同人誌をやっていたのですが、私は卒業論文が書けないまま留年する一方で、同人誌の仲間たちの多くは大学院に進学してゆきました。いまはどうなのか知りませんが、当時はフランス文学の専攻者はフランス語で、ドイツ文学の専攻者はドイツ語で卒業論文を書きました。私は哲学でしたので日本語でよいのですが、日本語での卒業論文が書けませんでした。こいつらいつの間に勉強していたんだと思ったのですが、彼らはそれぞれにフランス語、ドイツ語できちんと卒業論文を書き上げてゆきました。しかし、大学院に進学した者たちは、詩や小説を書くのをやめて、いち早く研究者の卵として育っていきました。一年留年して卒業した私は、自分は詩を書くことを続けてやるぞ、と思っていたのでした。大学とはきれいさっぱり縁を切るつもりで書いた卒業論文「ヘーゲル『精神現象学』における意識の構造と承認の概念」の「あとがき」に、私は自分の「詩」を書いているありさまでした。

私の文学学校体験

そのときに出会ったのが大阪文学学校でした。じつは私自身は大学を卒業するまで、大阪文学学校のことを知りませんでした。卒論の口頭試問を済ませたあと、そのとき助手をしていたかたが、私の卒業論文を読んで、文学学校を勧めてくれたのでした。それで私は文学学校の門を叩くことになりました。

文学学校というのは、いわゆる専門学校ではありません。一〇代から八〇代にまでわたるさまざまな人々が集っている生涯学習のセンターのようなところです。そこで学んで卒業したからといって、何か資格が得られるわけでもありません。文学学校での「授業」というのは、互いに書いている小説や詩を出し合って、合評し合うのが基本です。普段の生活では、詩を書いているとか、小説を書いているとか、ひとに言うのは難しいところがありますね。だいたいは、いわゆるドン引きされてしまいます。しかし、文学学校は詩を書いていない、小説を書いていないときにこそ、その理由が必要になるような場所でした。そこで私は普段聞

いたり読んだりするのとはまったく異なった日本語と接することになりました。

私は大学でドイツ語も教えているのですが、じつはドイツに留学した経験がありません。ですから、プラクティカルなドイツ語、要するに、日常的なドイツ語を聞いたり、話したりといったことがとても苦手です。ドイツ語の講演で聴衆が笑い声をあげたときなど、意味がわからず、隣のドイツ語に堪能な知人に確認して、すでに静かになっている会場でワンテンポもツーテンポも遅れて笑い声を発して恥ずかしい思いをする、ということがよくあります。けれども、あえて言えば、文学学校こそは私にとって留学地と呼べるのではないかと思います。確かに文学学校はドイツ語が話されたり、フランス語が話されたりしている場ではありませんでした。しかし、普段の日本語とはまったく異なった日本語が日常的に話されているという意味で、私にとってはまぎれもない留学先だったのです。そこで二年間学ぶうちに、大学院へ進学しなおすこともできました。ですから、ひとから留学体験について聞かれたときには、大阪文学学校に二年間行っていました、と答えることにしています。あのとき文学学校に出会っていなければ、と思うと、いまでも薄ら寒い思いがします。

その点で、私は自分が大阪文学学校に大きな恩義を負っている気がしています。私が二〇一四年、大阪文学学校開講六〇年の年に校長という大役を引き受けたときには、私のように文学学校を必要としているひとになんとか場を提供していかねば、という気持ちがありました。その校長就任にあたって私が考えたのが、今回テーマにしている「生きる糧になる言葉をもとめて」ということでした。

生活の糧と生きる糧

「生きる糧になる言葉」ということを考えた際、それと対照的なものとして「生活の糧になる言葉」というものを私は想定していました。それにしても、「生きる糧」と「生活の糧」の対立、ここには、大げさに言うと、近代における人間の宿命のようなものが存在しているのではないかと思います。文学を生活の糧にするというのは、いわゆる文筆業に携わる、ということになります。そもそも名高い文学賞を受賞すること自体、宝くじに当たるような確率だということがありますし、ご存知のとおり、直木賞作家ならともかく、芥川賞作家では文筆業で暮らすのは容易ではないといわれているのが現状です。実際、私は芥川賞をはじめ著名な賞を受賞して生活上は困難を抱えているひとを何人も知っています。しかも、仮に文筆業で食べていけるようになったとして、ほんとうに書きたいことを書いてゆくことができるのか、という問題も生じてきます。

よく学生に言うのですが、たとえば料理を作るのが好きだとして、一流ホテルのトップシェフになれれば、作りたい料理を作る充実した料理人としての生活が待っているのか？　そうではないだろうと私は思います。毎月の売り上げ、種々のアンケート、経営陣のもとめるホテルのイメージ、それにあわせた食材、若い料理人たちの管理・教育……そういうものと折り合わせながら、自分の作りたい料理を作ってゆくのは容易ではないだろうと思います。私たちは、生活の糧としていることと、生きる糧としていること、わかりやすく言うと、自分の生きがい、生きることの意味と直接結びついている事柄を分けざるをえないところがあります。生活の糧としてはなにかを行いながらも、本当の自分の生きがいはそれとは別の次元に存在しているというあり方を、求めてゆかねばならない。私の地元の篠山で、山羊を飼って、その山羊の乳から自家製のチーズも作ったりしながら、いわゆるスローフーズを提供するレストランを経営していらっしゃる夫婦がいます。それで食べてゆけるなら、料理でいえば、ああいうあり方がいちばん理想的ではないかと思います。

文学学校でも、とにかく大きな賞を射止めることをめざして入学するひともたくさんいらっしゃいます。しかし、私たちが文学に携わる意味はそれだけではないだろうと思います。必ずしも生活に結びつかずとも、むしろ生きることに直結しているような文学、それをたがいに求めたいと思うのです。文学学校では講師といわずに「チューター」と呼んでいますが、文学学校のチューターは基本的にそういう人たちです。なんらかの形で生活の糧を得ながら、生きる糧としての文学を追求しているひとたちです。生活の糧でないと聞くと、ああ、趣味ですか、と言うひとがいるかもしれません。よくも悪くも「趣味」というような範疇を越えたところでみんな文学に取り組んでいます。そちらのほうがむしろ人生の主眼であるというような生き方です。

私が文学学校に入学して感銘を受けた言葉があります。ある代表的なチューターが機関誌のコラムのような場所で、「大きな賞をもらってさすがに仏頂面はしまいが、しかし志はもうすこし高いところに置きたい」という趣旨のことを書いてらしたのです。いくつかの著名な賞の候補になったことのある方でしたが、みなさんはどう思われるでしょう？　もらってから言え、そしたら聞いてやると反発される方もあるかもしれません。しかし、「大きな賞をもらって仏頂面はしまいが志はもうすこし高いところに置きたい」、まさしくそれこそが私の出会った文学学校の精神でした。

「投壜通信」としての文学

これは勝手な言い方になりますが、きょう、あとで細川周平さんがお話になる松井太郎さんの文学など、ほんとうに文学学校の精神に貫かれたものです。一九歳でブラジルに渡られて、農業をはじめさまざまな仕事をされて、それが一段落したところで、日本語で小説を書き始められたのですね。ご自分の体験が背景になっていることは間違いがない、彫りの深い文章で刻まれた作品を、ブラジルの日本語作家たちの同人誌に発表され、それを私家版の小説集としてまとめられていたようです。それを細川さんが、日本側からすると発掘され、日本で小説集としてあらためて刊行されることになった。松井さん自身は大阪文学学校という場があることなどご存知でなかったと思いますが、その姿勢がきわめて文学学校的なのです。

私は二〇一六年三月に『「投壜通信」の詩人たち――〈詩の危機〉からホロコーストへ』という著書を刊行しました。エドガー・アラン・ポーからステファヌ・マラルメらをへてパウル・ツェランまでの詩人を、「投壜通信」というイメージを縦軸にして、またそれぞれの詩人と作品の現実との関係を横軸にして、およそ一四〇年に渡る時間のなかでの詩の展開を、私なりに描いたものです。年二回から三回発行の同人誌に、約七年かけて発表してきた論考を中心にまとめました。「投壜通信」という日本語はまだあまり定着していませんが、英語で言うとLetter in a Bottle、ドイツ語ではFlaschenpostと言います。なかに手紙を詰めて、硬いコルク栓で蓋を

図１　『「投壜通信」の詩人たち――〈詩の危機〉からホロコーストへ』

して、海などに投じられる壜、あるいはそういう振る舞いのことです。いまでは環境問題となって許されないことかもしれませんが、私も小学生のころ、そういう壜に詰めた手紙を作って海に放ったことがあるような気がします。

しかし、その本のなかで私が想定している「投壜通信」は、そういう牧歌的な行為ではありません。エドガー・アラン・ポーの『壜のなかの手記』という短篇をご存知のかたも多いと思います。あのポーの作品においてすでにそうなのですが、「投壜通信」とは、元来、船が難破した際に、船乗りたちが最後に行ってきたかもしれない伝説的な振る舞いです。つまり、船乗りたちは、船が難破して沈んでゆこうとするときに、家族や恋人、友人たちに、最後のメッセージを壜に詰めて海に放ってきたということです。もちろん、その壜がどこかの岸にたどりつき、誰かに拾いあげられ、そのあて先に届けられる——そんな可能性は万に一つもないでしょう。しかし、つぎの瞬間、海の藻屑と消えてゆくことが明らかなとき、私たちにほかにいったいなにができるでしょうか？

そういう「投壜通信」のイメージで、ポー、マラルメ、ツェランらの作品を捉えようとしたのが私のその本です。私がこの二〇年間あまりいちばん時間を注いできたポーランドのユダヤ系詩人イツハク・カツェネルソンについても一章をあてているのですが、彼の場合、アウシュヴィッツで虐殺される前、フランスのヴィッテル収容所に入れられていた際、『滅ぼされたユダヤの民の歌』の原稿を、一五枚の紙にびっしり書き込んで、それを壜に詰めて、地中に埋めていたのでした。ヴィッテル収容所が解放されたあと、そのことを知っていた知人たちの手でその壜は地中から掘り出され、文字どおり陽の目を見ることになりました。カツェネルソンの場合、「投壜通信」は比喩ではなく、文字どおりの現実となったのです。

私たち自身が詩や小説を書く場合、あるいは、いわゆる作品でなくとも、およそ何ごとかを書きつける場合、そこには多少とも「投壜通信」という意味合いがあるのではないでしょうか。これだけメディアが発達して拡大してゆくなかで、だからこそ、自分の言葉がいったい誰に届いているのかわからない、という状態に私たちは置かれています。私たちにできるのは、そのなかで、自分の言葉を、それでも「投壜通信」として発し続けること、また同時に思わぬ他者からの投壜通信を何とか受けとめること、そして、それを必要なあて先に届けること以外にありません。細川さんが松井太郎さんの作品集を刊行された姿には、まさしくそのような「投壜通信」の可能性がありありとうかがわれます。

ある郵便局職員のエピソード

これもまた文学学校の話題で恐縮いたしますが、私が詩のクラスを担当していたとき、生徒のなかに大阪の郵便局に勤務していらっしゃる方がありました。普段の生活のことを書いても面白くないので、別のことを書きたいと言われていたのですが、私はぜひ郵便局のことを書いてほしいといい続けました。勤務形態はどうなっているのか、郵便配達のひとたちはどんな日常を送っていらっしゃるのか、私からするとわからないことばかりで興味津々だったのです。しかし、残念なことに、私のクラスではそういう作品を提出していただくことができませんでした。ところが、数年たって、不意にそのひとの詩集が届けられました。そのタイトルは『郵便屋』だったのです。装丁も切手を貼った封書仕立てで、なかなかセンスがありました。

中身を読んでみますと、郵便屋さんの日常がよく伝わってきます。しかも、こんなエピソードが書き込まれているのでした。そのころ、一九七〇年代から八〇年代にかけてでしょうか、大阪の郵便局に韓国や北朝鮮から宛名がハングル書きの手紙やハガキが届くことがあった。ご承知のように、大阪には在日韓国人・朝鮮人が暮らしている集住地域がありますから、そういうことも多かっただろうと思います。ところが、少なくともそのひとの勤務されていた郵便局では、そういう場合配達不可能、という扱いになっていたようです。宛名をアルファベットで記した手紙やハガキはきちんと配達されるのに、ハングルで書いた手紙やハガキは配達されない。そのことに憤ったそのひとは、それなら自分が届けてやると、ハングルを勉強されて、ハングルの場合はそのひとが配達する、という仕組みを作られたということです。こんな話は本当に貴重だと思いました。

ここにもまさしく「投壜通信」という問題を見ることができます。ハングルで宛名書きされた手紙やハガキは、日本の郵便制度との関係で、届くかどうかわからない投壜通信の様相をはからずも呈していたのです。その手紙やハガキを送ったひとは当然届くものと思っていたかもしれませんし、ハングルでは無理かもしれないと思いつつ、日本語で書く手立てがなくて一か八かの思いでハングルで書かれて発送されたのかもしれません。いずれにしろ、それ以降、その方がハングルを読み解いて配達されたことによって、その投壜通信はあて先にきちんと届くようになったのでした。

当時の日本の郵便制度の不備（いまはどうなのでしょう?）という問題もありますが、それにひとりの郵便配達夫が果敢に挑戦した記録としても、それは貴重なエピソードです。ですから、投壜通信というイメージはたんに詩や小説といった文学に尽きるものではなく、私たちの現実そのものと深くかかわっているといえます。今回の「ことばを立ち上げる」というテーマに関して、私からはこのような投壜通信のイメージをみなさまと共有できればと思います。

「あたりまえのこと」ほど伝わらない

石井伸介
（苦楽堂代表）

自分ではあたりまえだと思っていることを人に伝えようとすると大変だということを、そして面白くもあるということを、うちで出しました三点の本を例に挙げてお話しします。いずれも書店員もしくは書店主が、自分のお仕事のことを書かれた本です。

『海の本屋のはなし』――日常は伝わるのか

二〇一三年の九月末に閉店した、神戸の海文堂書店のことを書いた本です。

あの本屋さんで最後まで人文書を担当していらっしゃった、平野義昌《よしまさ》さんという方が書かれた本です。本の中に「第五章　仲間たち」という章を設けました。これは著者の平野さんが、海文堂書店の他の部門――

文芸書、児童書、実用書、そして海文堂の顔でもあった海事書を担当していらっしゃった方、いろいろな同僚の方をご紹介する章です。

海事書ご担当の後藤さんのことを、平野さんは最初一〇八五文字をかけて説明されました。きちんと成立した文章なのですが、平野さんとご相談しまして、あらためて同僚の皆さんに海文堂書店で日々どのようなお仕事をしていらっしゃったのか、お話をお伺いしようと決めました。一〇人近い方に、お一人二時間ぐらいずつお話を伺い、それを文字に起こしてという作業をしましたので、本が出るのが一カ月ぐらい遅れてしまいました。ただ、このインタビューを加えたことで、平野さんが《この本を書くにあたり、最後の日まで一緒に働いた仲間たちの何人かにあらためて話を聞きました。私も知らなかった話がずいぶんとありました》と「はじめに」に書かれたことは、ひじょうに大事なことだったと思っています。

あらためてインタビューを行ったことで、たとえば当初一〇八五文字だった海事書の後藤さんのところは、四三六五文字、約四倍の量になりました。

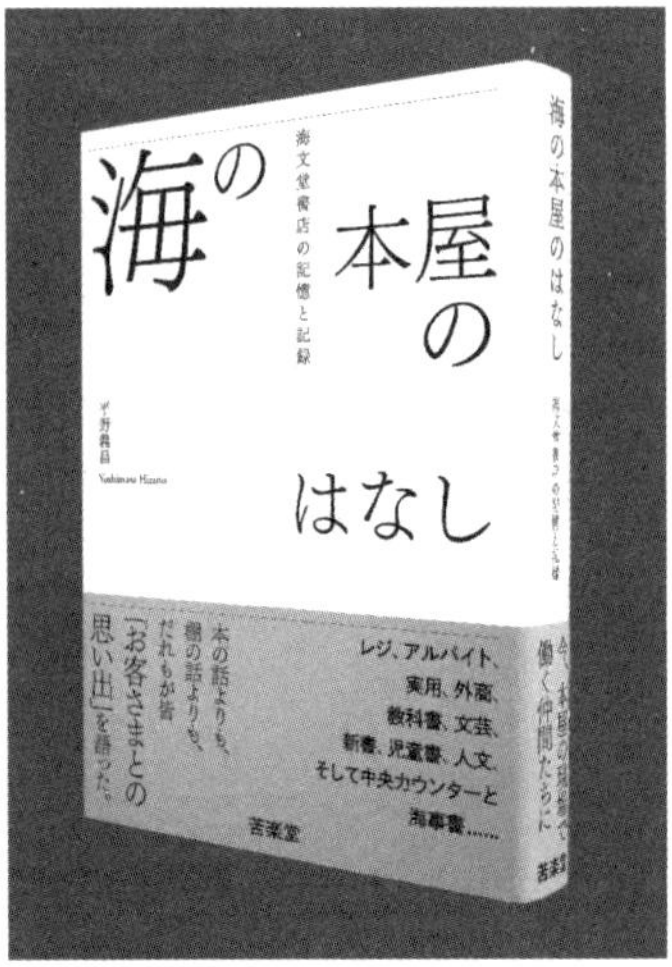

『海の本屋のはなし』（2015）

インタビューに答えていらっしゃる皆さんは、読む側の胸を打ってやろうと思って話していらっしゃるわけではないのですが、だからこそ胸を打ちます。海文堂書店はいい本屋だったのだなということは、あらためて思い出しましたし、同時に、なくしたものは二度と手に入らないのだなということを突きつけられる内容が、皆さんのインタビューの中に出てきました。

本をつくっていて毎回悩みますのが、最後に本の帯にどういう文言を載せるかということですが、『海の本屋のはなし』では迷うことなく、第五章のことばだけで帯をつくることができました。帯には第五章のことしか書いていません。他にも海文堂書店の歴史ですとか、閉店の日のドキュメンタリーですとか、大事なことはいっぱい書かれているのですが、ごく自然に、この第五章で皆さんがおっしゃっていたお客さんとのお話を、帯に置くことができました。

実は皆さんは、ご自身が担当されていた棚の話はあまりされていなくて、どのようなお客さんとどのようなお話をしたかということが、中身のほとんどです。それをそのまま帯に使わせてもらいました。四倍の量に膨れ上がった第五章があったことで、海文堂書店の日常を残すことができたと思っています。実際に読者の方からいただいたご感想を見ていても、皆さんほとんど「第五章　仲間たち」のお話を書いてくださいます。五章をつくってよかったと思っています。

『本屋、はじめました』――意思は伝わるのか

二つめは「書き手本人にとってあたりまえのこと、あたりまえの意思は、さて読者にそのまま伝わるのか」という問題です。『本屋、はじめました』の著者は辻山《つじやま》良雄さんという方で、神戸のご出身です。星稜《せいりょう》高校を卒業されて、東京に行って早稲田大学を卒業し、リブロという本屋に勤めて、福岡、名古屋、広島で副店長、店長をされて、二〇一五年の七月にマネジャーをされていた池袋本店の閉店を見届けてリブロをお辞めになりました。二〇一六年の一月に東京の荻窪で、カフェを併設したTitleという本屋を、奥さまとご一緒に始められた方です。

この本には、辻山さんが自分のお店を始められる経緯が具体的に書かれています。その中に、店内のレイアウトを辻山さんが考える場面が出てきます。《本屋とカフェの位置が決まると、入って右側が暮らしと子どもの本、左側が芸術書、文芸書、人文書などの専門書、それを繋ぐように真ん中に、新刊を中心とした平台と文庫の棚を置くことは、すぐに決まりました》。これが初稿です。

一八年間リブロで書店員をやってこられたベテランの辻山さんです。リブロ時代には、新店舗の設計もしていらっしゃいます。そういう辻山さんですから、物件の構造を見れば店内のレイアウトは《すぐに決ま》るわけなのですが、どうして《すぐに決》めることができるのか。この原稿のままですと、なぜ《すぐに決ま》ったのかが読者にはわからない。

そこで辻山さんにご相談しました。校了した原稿を読んでみます。《本屋とカフェの位置が決まると、入って左側が暮らしと子どもの本、右側が芸術書、文芸書、人文書などの専門書、それをつなぐように、真ん中に新刊を中心とした平台と文庫の棚を置くことは、物件のかたちを見てすぐに決まりました。料理や暮らしの本、えほんはともに家の中のことなので一つのグループでまとめられることが多く、文芸書、人文書、芸術書などはどれも判型が似ており、グループとしてまとめられます。そうすると入って右側の奥行きが長い列には、商品量の多い専門書のグループを並べ、奥行きの短い左側の列には、商品量から暮らしに関する本やえほんを並べることになります。左側の列でも特に

『本屋、はじめました』（2017）

奥のほうは天井が一部低くなっており、背の低い棚しか置けない箇所があるので、高い棚では子どもの手が届かず、落下する危険性もあるえほんを置くことにしました。そして、新刊台や文庫の棚はいろいろな内容の本を含んでいるので、ちょうどそうした二つの世界の間の橋渡しになりそうでした》

《すぐに決まりました》の内容をことばにしていただいたら、三六倍の文字量になりました。この調子でやっていきますと、ページ数が増えてお金がかかりますので、どうしたものかなと思うのですが、この原稿を書いていただいたことで、私は初めて、えほんは低いところに置かないと、子どもには危ないのだと知りました。本屋さんからすればあたりまえのことだと思うのですが、あたりまえのことをことばにしようとすると、三六倍になっているわけです。

辻山さんに、ご自身のあたりまえをひとつ一つ、具体的なことばに置き換えていただくという本をつくらせてもらったことで、『本屋、はじめました』という本は、本屋というものをゼロから始めるときに、何をどうしていけばいいのかということがほんとうに具体的にわかる本になりました。余談なのですが、《この本を読んで会社勤めを辞めました。自分で始めることができました》という読者からのおはがきをいただきました。では本屋を始めるのかと思って読んでいくと、《八百屋を始めることにした》と。実際にお会いしまして、「読んで勇気が出た」と言っていただきました。辻山さんはこの本の中で、別に「勇気を持とう」「あなたも頑張ろう」だとか、「グローバル時代に人間力を高めて自己実現をしよう」などとは一切書いていません。ただひたすら具体的に本屋の始め方を、この調子で三六倍かけて書いていただいているのですが、だからこそ、勇気が出たと言ってもらえる本になったのかなと思っています。

『スリップの技法』――行為は伝わるのか

三つめの事例です。著者は久禮《くれ》亮太さんです。東京の、あゆみBOOKSという本屋さんで一一年働いて、現在はフリーランスの書店員という変わった肩書でお仕事をしていらっしゃいます。この本は、スリップ――本に挟まっている細長い紙のことが、ひたすら書かれている本です。

今は本が売れた時点で、ピッと後ろのバーコードをなぞって、どの本が売れたかがわかる仕組み――ポイント・オブ・セールス（POS：販売即時管理）というコンピューターのシステムが使われています。それまで本屋さんは、どの本が売れたかというチェックと、「この本が売れたのだったら、ではこういう本を注文しよう」という判断の材料として、スリップを使っていました。

今はスリップを使わないのがあたりまえになっています。久禮さんは、紙のスリップの使い方を再発見しましょうという提案を、この『スリップの技法』の中でしています。この本の目玉は、いろいろな出版社の約一〇〇枚のスリップを事例として挙げ、その組み合わせから、「こういう本が売れたのだったら、こういう本も売れるのではないか」と考える、久禮さんの発想法がいっぱい書いてあることです。POSだけではできない、紙のスリップを生かした本屋さんの発想法の本が『スリップの技法』です。ただ、ここで事例として挙げるのはちょっと違うお話です。

『スリップの技法』（2017）

初稿には《書籍や雑誌の追加注文は、ウェブ、電話、ファクスの三通りを使い分けます》と書かれていました。しかし、このままですと、どのように使い分けるのか、なぜ使い分けるのか、そもそもなぜ使い分けるのかがわからないのです。

発注作業

夜のレジでは、僕から手渡された注文スリップを元に遅番の社員が発注作業をしてくれます。書籍や雑誌の追加発注は、端末、電話、FAXの3通りを使いわけます。発売当日の雑誌は、出版社の在庫がなくなってしまう前に確保したいので午前中に電話します。出版社の在庫が少なく数冊なら手配できるが希望冊数に足りない、他の書店から返品されるのを待てば出荷できるかもしれない――といった場合は、希望冊数のすべてが自店に入荷したとしても次号の発売日以降になるかもしれません。それでも長期間陳列したいものか、次号が出るまでに入荷しないならとりあえず数冊手配できればよしとするか。その電話のなかで判断する必要があります。新刊書籍の追加発注でも、冊数が多く確実に欲しい場合や、注文のついでに出版社の営業担当者さんと話がしたい場合は昼のうちに僕が電話します。話がしたいといっても、とくに用件や話題はなく、たんに自店のことをうっすらとでも記憶にとどめてもらいたいという程度のこともあります。

とくに気にかけているもの以外の書籍発注は、PCで取次の検索発注システムにひとまず入力してみます。画面上で取次や出版社の在庫状況を確認して、在庫数や入荷予定日がはっきりと記載されているときはそのまま発注入力します。在庫ステイタスが「調整中」や「在庫僅少」、「品切れ」だが発注冊数が入力できる場合は、迷います。これまでの経験から「とりあえず入力しておけばおそらく入荷するだろう」と予測したものは発注入力します。もし入荷しなかったり、入荷冊数が減ってしまっても、あとから対処すればいいと考えた場合も発注入力します。

少量でも確実に入手したいものは、電話かFAXを選びます。昼間はレジ担当のアルバイトさんに、お会計の合間に出版社に電話をかけてもらい、残ったものは遅番のレジ担当アルバイトさんに引き継いでFAXを出版社に送信してもらいます。棚挿しとして1冊補充するものは、スリップの束を遅番のレジ担当アルバイトさんに手渡します。書籍やムックなら必備スリップか出版社のスリップを、文庫や新書のほとんどは（物流システムの事情で必備スリップを発行できないため）出版社のスリップを、ハンディ・ターミナルのバーコード・リーダーで読み取ります。ハンディ・ターミナルに読み込ませた発注データの行き先はPCの検索発注システムと同じ取次のデータ・センターですが、ハンディ・ターミナルなら機械的な繰り返しの動作で手早く多くの件数が入力でき、PCを使わずにお会計の合間にレジ・カウンターで作業することができます。棚挿しの補充発注は件数がもっとも多いため、発注する前に担当者がスリップを見る工程には時間をかけますが、発注作業はアルバイトさんに依頼します。作業の終わったスリップは翌日僕が受け取り、作業を終えた印《しるし》として「済」と書かれているか、昼にアルバイトさんが電話したものについては、出版社から伝えられた在庫の有無や搬入予定日のメモに目を通します。

『スリップの技法』P.47〜49（※傍線、マーカーラインを本稿用に付記）

同じように、《チェックします》とも書いてあるのですが、何のためにチェックするのか、どのようにチェックするのかがわかりません。書いている久禮さんは、もちろんご本人ですからわかっていますが、読む私たちからすると、なぜチェックするのかがわかりません。

久禮さんとご相談して加筆をお願いしました。この「使い分けます」「チェックします」の計一三文字は八七倍になりました。八七倍の本になった結果、どうなったかといいますと、おかげさまで売れています。本の本というものは、大体三〇〇〇部が世間相場といわれています。この本も初版は三〇〇〇部だったのですが、二〇一七年の一〇月に出して翌年の年明けに売り切れ、

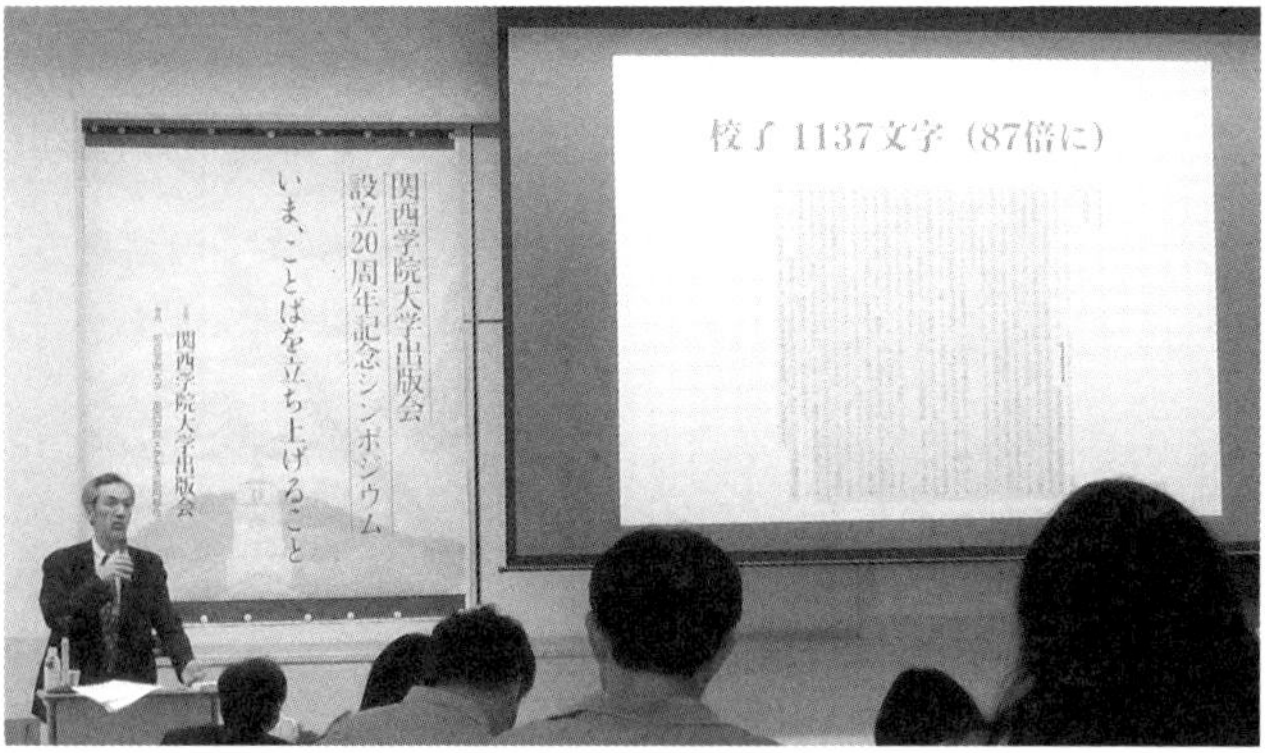

重版をかけました。三〇代ぐらいの、今、実際に本屋さんの店長や副店長をやっていらっしゃる方々に主に読んでいただいています。彼ら彼女らはPOSが普及してから書店員になった方たちですので、スリップの使い方を話には聞いたことはあるけれども、ご自身ではやり方がわからない。ちなみに久禮さんは四〇代前半なのですが、POSも使うしスリップも使っていたという「境目」の方です。三〇代の、今、本屋さんで責任を持って仕事をしなくてはいけない方々が、この本を教科書として読んでくださっているわけです。

　ですが、私の年代——私は今五四なのですが——から上の方には少々評判の悪い本です。「何で今ごろスリップの本などを出すのだ」と。特に、書店員をもう引退された団塊の世代ぐらいの元書店長の方にはひじょうに評判の悪い本です。「俺はスリップのことを知っている。なんでそんなあたりまえのことを本にするのだ」とおっしゃるのですが、ではそのベテランの方は、ご自身のあたりまえをことばにして残したのか。

　久禮さんのお師匠さんもその世代の方なのですが、久禮さんは彼から「ことばにしてスリップはこういうものだと教わった記憶はない。背中を見て覚えろというようなことは言われたかもしれない」とおっしゃっていました。久禮さんとの打ち合わせの際に、ここでことばにしておかないと、スリップの使い方は次の世代に伝わることなく途切れる——というお話になりました。そうして久禮さんが八七倍の労力を投入して、

《使い分ける》とはどういうことか、《チェックする》とはどういうことかを、その都度ひとつ一つことばにして起こし直したのが、この『スリップの技法』という本です。

これも余談なのですが、仕事場の近所のバーで私は突然、「『スリップの技法』を読みました、面白かったです」とお声を掛けていただきました。三〇代前半ぐらいの男性です。ではこの方は書店員さんかと思ったのですが、書店員さんにしてはちょっと格好がきちんとしている(笑)。訊くと、メーカーの仕入れを担当していらっしゃる方でした。「仕入れをする人間にとっては、この本は非常にヒントになった。勇気が出ます」ということを言っていただきました。著者さんに、ご自身にとっては「あたりまえのこと」を、あらためてことばにして書いてもらえると、八百屋さんですとか、メーカーの仕入れ担当の方にも届きはじめるのだなと実感しました。当初想定していた以外のお客さんに届き始めるとき、「本というものはすごいものだな」とあらためて思います。

同僚に日常の仕事のことをインタビューして聞き直そうとしたら、四倍になりました。自分で本屋を始めて、レイアウトはこういうふうに判断したということをことばに直してもらったら、三六倍になりました。使い分ける、チェックするという行為をあらためてことばにしてもらったら、八七倍になりました。この調子でやっていきますと、ページ数が増えてお金がかかって、とんだことになるなと思うのですが、実は本というものは、八七倍でもうまいこと収めることができます。よくできています。新聞もテレビもネットも、これを苦手とするのですが、本は長くなっても長く感じさせずに収めることができます。

自分があたりまえだと思っていることを、あらためてことばにして人に伝えようとするときに、本というものはなかなかいいものだと、本をつくりながら毎回思っています。

ブラジルで書く日本語――松井太郎の場合

細川周平
（国際日本文化研究センター教授）

松井太郎という作家は一九一七年神戸生まれで、去る二〇一七年九月一日に九九歳でサンパウロで亡くなりました。

ブラジルへの興味

私自身がブラジルに興味を持ったのは一九九〇年で、その頃は「デカセギ」という言葉があちらこちらで語られました。経済格差があるおかげで、ブラジル、あるいは南米から日本にたくさんの労働者が来たのです。日本語の「出稼ぎ」がスペイン語やポルトガル語の語彙に入っていました。兵庫県にも地方都市にたくさん来ていたはずです。神戸には、彼らを主な客層にして、南米の日用品や保存食、雑誌やカセットを扱う店舗がありました。ブラジルやペルーやメキシコのテレビ番組の海賊録画ビデオもありました。向こうの日常生活の最大の娯楽ですから。缶詰などは普通の店でも同等品を買えそうなものですが、ブラジル製は味が違うといってました。日本のスーパーで売っているものでも、同じ店でまとめて買うほうが便利で、ラーメンや下着なども扱っていたはずです。

私の実家がある神奈川県の藤沢市でも、小さいながらデカセギ南米人のコミュニティがあって、偶然彼らのアパートを訪ねる機会がありました。ブラジルには日系移民が世界最大の一〇〇万人もいるのだと聞き、興味を持ちました。彼らが美空ひばりや五木ひろしのカセットを持っているのを見て、ブラジルでも大変人気があると聞き、本気でそれを調べてみようと思い、翌年の一九九一年に初めてサンパウロに行きました。最初は日系人調査というのはそこそこに、大好きなブラジル音楽を楽しもう、という軽い気持ちがあったのですが、サンパウロの日本人街で二世経営のホテルや一世のおばさんの家で暮らすうちに、コミュニティの文化や歴史全体に興味が湧き、最初は一年の計画が延長に延長を重ねて、三、四年通うことになりました。博物館で埃まみれの日本語新聞を毎日読みあさりました。それが楽しくなったのですから大転換です。

たとえば、日系社会には俳句や短歌の会もありました。相撲部の写真も見ました。アマチュアの美術の展覧会もあって、それで受賞すると大変名誉なのだと教わりました。囲碁や将棋の会もありました。昔は映画館もあり、映画の地方巡業で解説者（弁士）をやっていた面々が集まっているところに顔を出して、昔話を聞いたり、写真を見せてもらいました。一九九〇年代にはだいぶ高齢化していましたが、とにかく人が集まるところに顔を出しました。文学の集まりにも顔を出しました。日本語人口は減少の一途ですから、あまり活気はありませんでしたが、同人誌を何とか維持しているのに感銘を受け、彼ら彼女らの活動と歴史を日本に知らせたいと思い、日本語文学史を書きました。

文学グループのつきあいの中で、一番鮮烈だったのが、松井太郎さんです。今回のシンポジウム「いま、ことばを立ち上げること」の趣意書を読んで、私は迷うことなくこの人の話をしようと思いました。

松井さんと知り合ったのは二一世紀の初頭、八八歳ぐらいでしょうか。その頃に初めて知り合って、九〇歳の前半ぐらいまで何度もお邪魔をして、本を見せてもらい、いろいろ話をしました。最後に会ったのは九七歳でしたが、このまま一〇〇歳までいきますねなんて笑っていたところで、亡くなってしまいました。特別な人でした。

二〇一八年はブラジル移民一一〇周年です。明治の末の一九〇八年に、最初の移民船である、笠戸丸が神戸港からサントス港へ行きました。神戸に縁があります。ついでに言えば、元の移民収容所が、今は海外移住と文化の交流センターになっています。

日本語新聞の発行

一九〇八年に最初の日本移民がブラジルへ渡り、八年後に最初の週刊新聞が出ています。翌年の、九年後には新聞も出ています。一つは民間の反骨心のある男の出した新聞、もう一方は領事館寄りの新聞という二つの新聞が、一〇年のうちには出ているわけです。野党と与党のようなものです。おそらく、数千人の日本人がいたこの時代に、俺たちのことを言ってくれる新聞はどちらなのかと熱く議論し合ったそうです。最も早いうちから俳句と短歌の投稿欄がありました。文学の同人誌も一九二〇年代には出版されています。一般の日本語雑誌にも、同じ頃から俳句や短歌や川柳の投稿欄がありました。これらは、日本移民が言葉の通じないところでどれだけ日本語文芸に頼って生きていたのかということを教えてくれます。似たようなことが、ハワイやカリフォルニアへの移民の新聞でも知ることができます。日本移民と日本語新聞の依存度というのでしょうか、文芸欄を、他の移民と比べる研究も現れるかもしれません。

俳句・短歌・川柳、この三つの短詩は素人参加型で、簡単な型に日常語をはめれば、最低限の線は越えられます。多の言語にはこれだけ閾《しきい》の低い文芸形式はたぶんないでしょう。もちろん名作、巨匠になるのは別のことです。素人文芸は当人と仲間内で楽しむもので、社交的な意味があります。たとえば手作りケーキを友だちと食べたり、年賀状で手作り版画を毎年送るなど、そんな気楽な営みとして素人文芸は、ブラジルの日本語社会でも存在意義があります。新聞の俳壇や歌壇は重要なメディアで、下からの文芸の活性剤です。その選者は否が応でも権威を持ち、その好みにそった作が採用され、裾野の作者を刺激します。日本でも同じです。詩や小説になると短詩ほどは簡単ではありませんが、好きな詩人や小説家の模作のようなところから書いてみようという人はブラジルにもいました。

戦後のブラジルでは、一九五〇年代にある新聞社が短編小説を対象に文学賞を作りました。また小説や評論を中心とする『コロニア文学』という雑誌も一九六〇年代末から一〇数年間出版されました。「コロニア」というのは英語の「コロニー」で植民地の意味です。日系ブラジル人は自分たちのコミュニティをよく「コロニア」と呼んでいます。外部の人間にはさほど面白くないが、日本語で書くことが大事でした。とにかく、書くことが何かの支えになってくれる。生活の糧には一切なりません。お金になど一切ならないのですが、生きる糧。何も表現などと立派なものではなく、社交あり、討論あり、最低限の絆として文筆活動がある。これがブラジルの日本語文学の重要な点です。

松井太郎の文学

そういう素人文学の世界の中で松井さんは生きてきたわけですが、あまり文壇とは付き合わずに、ただ書いていきます。『コロニア文学』やその後継誌の『コロニア詩文学』に初期の作が出版されていますが、

一九九〇年代、つまり七十代になる頃からは、ただ自費出版本のために書いていました。日本の読者はもちろん、ブラジルの日本語読者に読まれることもあまり考えていなかったのではないかと思うのです。当人は好きで書いているとしかおっしゃっていませんでした。そして、細見氏の講演にあった投壜通信の話は松井さんにぴったりではないかと思うのです。小さなブラジルの日本語社会の中で、自分の経験からこんなことを思い付いた――フィクションですね――そういうことを何とか書き残しておきたいというような。会っていて、聞いてわかるのは、非常に純粋な、ナイーブなと言ったらいいかもしれません。八〇代でしたけれども、文学への、小説へのそういう信頼を持ったおじいさんでした。

ブラジルで小説を書いていた人は数人しか知りませんが、彼ほど高い文学志向を持たず、仲間うちの読み物で満足し、実際その程度の作しか書いていませんでした。私には日本国内の小説家にはほとんど知り合いがいませんが、アマチュアの松井さんほど純

粋な文学信仰者は今はいないでしょう。読まれるための努力もせず、評価を期待せず、感想も期待せずに友人に配っておしまい、という文学活動。しかも作品は素人の身辺小説や型にはまった回顧物ではなく、ブラジルの日本語社会固有の人のありようや文化摩擦や家族関係を抉り出しているのです。なかには日系人が登場しない小説もある。ぜひポルトガル語に翻訳してもらいたいと思います。それを九〇代のおじいさんがブラジルのちっぽけな日系社会で営んでいる。これは大きな驚きでした。彼を紹介してくれたビデオ作家の岡村淳さんには本当に感謝しています。

図１　松井さんの書棚

小説『うつろ舟』

これは松井さんがくれた自費出版本で、自分で装丁もされています。何部刷っているのかは知りませんが、どなたかにワープロ原稿を書かせて、紙で手作りで表紙を作って。これを六冊まとめて、それを箱に入れているのです。松井太郎作品集。翌年行くと、新しい第七巻が出たのでこれもどうぞといただきました。本当に手作り本です。この『うつろ舟』という、一番長い小説が、二〇一〇年に京都の松籟社《しょうらいしゃ》から出ています。立命館文学部の西成彦さんが優れた解説を書いているので、興味があればぜひお読みいただけたらと思います。西さんはゴンブロヴィチや小泉八雲ら言葉や社会の境界線上にある文学をずっと扱っている方で、松井さんもそのくくりのなかで論じています。日本文学でもブラジル文学で

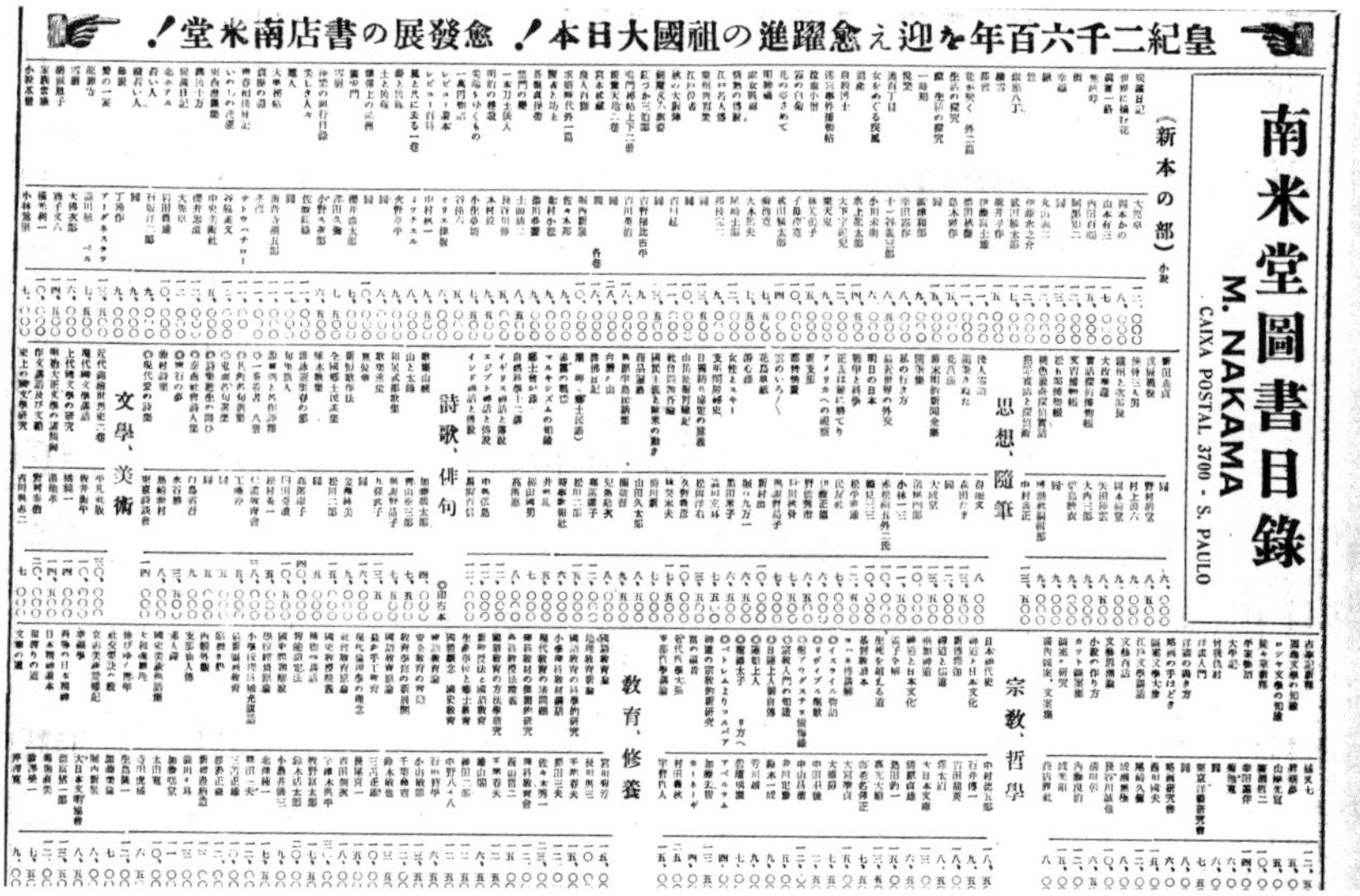

図2　南米堂新聞広告（1940）

もない、どちらの国のくくりにも属さない「元日本人の文学」かもしれない、と西さんは微妙な言い方をしています。本国の日本語文学の焼き直しでも、翻訳文学でもない、ということです。

図1の写真はピンボケですけれども、松井さんの書棚です。岩波文庫の青い背表紙だとか、日本で話題の翻訳小説だとか、赤いのは岩波文庫の外国文学です。文字まで読めないのはちょっと残念なのですが、こういうものをお持ちでした。一冊一冊、サンパウロの日本人街の輸入の本屋で、ちょうど日本なら丸善や紀伊國屋にあたりますが、輸入本として彼らは手にするわけです。それを見に行って、日本で買うよりはだいぶ高くなっている岩波文庫などを買って一生懸命読んでいた。そういう本棚に私は感銘を受けました。

松井さんは一九一七年生まれで、一九三六年に父親の失業を機に一八歳でサンパウロ州に農業移民として渡り、まずまずの成功を収めます。ありふれた日本移民の道のりです。図2はちょうどその頃の新聞の広告です。

南米堂といいまして、図書目録のなかに新刊として、哲学書、実用書、農業や栽培の本があり、短歌あり、それから思想の本もあります。宗教、科学、教育、教養などもありますね。ともかく、普通の日本の本屋と全く変わりません。こういう本の入荷目録を見ながら、きょうはこの本を買いにサンパウロまで行こうと計画するのです。要するに、日本でいえば、どこか地方で生活をしながら、休みの日には東京に行って丸善で本を買おうというイメージです。こういう広告を彼は見ていたのです。

図３　若狭丸船上の日本移民

辺境で絶えつつ耐えることばは立ち上がるのか？

移民という体験について少し考えてみます。次の写真は一九一四年、若狭丸船上の日本移民が船の舳先に集まった集合写真（図３）です（ブラジルではなく、ペルーへ渡る船上だと思います）。これだけを見ると、日本移民というものは特別なことなのかと思われるかもしれませんが、見ていただきたいのは、ブラジルの国民的な画家のラザール・セガールの『移民船』という大作です（図４）。サンパウロ市内にあるセガール美術館の壁一面に飾られています。セガールはリトアニア出身のユダヤ系移民で、ナチの迫害を逃れてブラジルに渡ったブラジル美術史の重要人物です。世界中で国民主義が高まる時期で、彼はブラジルをテーマにした美術作品を多く残しています。ずいぶん似ていると思いませんか。両方を見ながら、日本移民の体験とリトアニアない

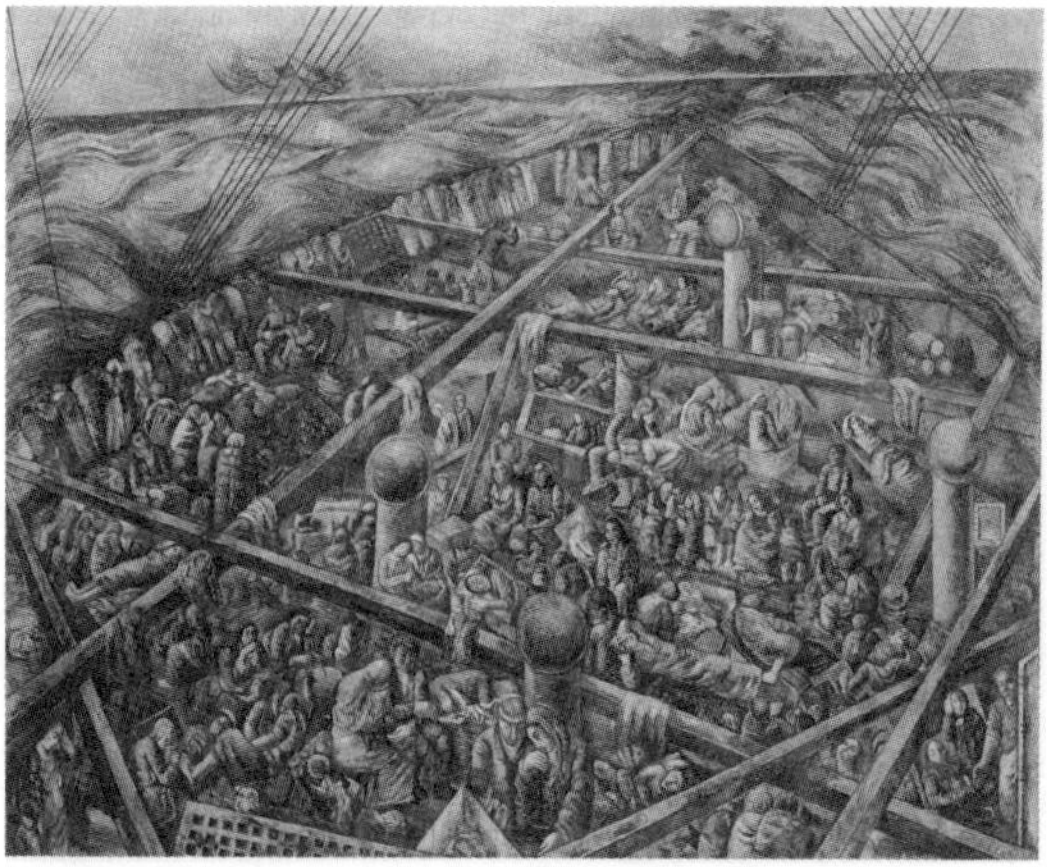

図４　ラザール・セガール『移民船』（1939-40）

図５　コーヒー園で働く日本移民

しユダヤ移民の体験を、重ねて考えることができるのではないのか。松井太郎の小説にしろ、あるいは短歌にしろ、こうした広く、非日系も含めたブラジル人、さらには二〇世紀の移民の体験として読むことができるのではないかと私は考えています。よくグローバルなんていいますが、一九世紀の近代国家体制が確立した時点で、望むにしろ望まざるにしろ、移住という人生の形態は拡がらざるをえず、どこでも珍しくありません。関西学院大学の津田睦美さんの本（『マブイの往来』）で知ったのですが、日本からニューカレドニアへ渡った人たちもいて、その子孫があの太平洋の島で日本ではまったく知られずに暮らしているのです。

図５は一九三〇年代だと思いますが、コーヒー園で働いている日本移民の記念写真です。新聞社が写真を撮りに来たので、きりっと格好よくしています。男は白い労働着、女は黒のスカート、子どもは麦わら帽を

かぶって典型的なブラジルの農民姿です。日本の農民姿ではありません。僕は働いています、私も働いていますと日本とは形の違う鋤を持ってポーズをとっています。この鋤はポルトガル語でエンシャーダと言い、農民らしさの象徴で、エンシャーダ主義という言葉は日本人指導者が編み出しました。一種の農本主義です。ほぼ全員が農業移民でしたから、都会に出てくる傾向に掉さして、移住当時を思い出せ、そんな思想のことです。撮られた当人はひょっとしたら、この写真が日本の人に見てもらえるかもしれないというような、細見氏の話にあった投壜通信のような意識があったかもしれません。当時、写真は希少価値を持ち、とりわけカメラを持っていない一般の人には、写真を撮られるのには特別な意味がありました。結婚式の二人の写真、お見合い写真など、サンパウロの写真館で家族写真を撮ってもらうようなこともありました。故郷に残してきた親や家族にええかっこを見せたいというような意味もあったでしょう。記念写真は本当に記念に残る写真でした。この写真を撮った新聞雑誌社からすれば、日本移民の成功をブラジル国内の他の移民に伝えたいという意図があったでしょう。

他にもこんなおめかし写真があります（図6）。帽子にブラウスにスカートに三つ揃えに、完全にブラジルのファッションです。同化の徴《しるし》です。日本人はジャポネースとよそ者扱いされがちですが、立派にブラジル人なんだという姿です。どういう経緯でこういう写真集が撮られたのか知りたいですね。

図7は半田知雄（一九〇六―一九九六）という、農業移民としてわたり日曜画家として始めたが、美術学校に通い、後に大成して日本移民で最初に認められた画家で、コロニア史の基本書を書いた歴史家でもあります。『コーヒー園の日本移民』という作品で、さっきの写真と意図は似ています。日本人だけれども、その外見をそっくりに描いているのではなく、どこの移民かわからないように描かれています。コーヒーの実

を摘む人、ざるで土を払う人、袋に詰める人、運ぶ人、土地を耕す人、コーヒー園のいろいろな労働が一枚の絵にまとめられています。戦前、コーヒーの消費が世界的に伸び（日本も都会のカフェーがはやったのですが）、ブラジルはコーヒー豆の景気で浮かれ、労働力が必要とされて、遠い日本からも呼ばれたわけです。大農園制で一つの作物を大量生産するシステムが確立されました。コーヒーは海外で評価されるブラジルの農産物のトップで、ブラジルの象徴となり、そういう歌もずいぶん作られました。実際に半田知雄もセガールと同じブラジルの国民主義美術に属すと思います。ただし、ブラジル美術史は日本移民の創作をきっちり

図６　農園の日本移民家族

図７　半田知雄『コーヒー園の日本移民』（1958）
ブラジル日本移民史料館蔵

評価しません。後続世代にそうした枠組みを変えてほしいと思っています。

だいぶ話が飛びましたが、お伝えしたかった松井太郎にやっとたどり着きました。『うつろ舟』に続いて二冊目の作品集として西さんと二人でまとめたのが、『遠い声』です。この中のタイトルとなった短編を紹介します。

「私」が住んでいる村で、大雨で、心中とおぼしき男女の人骨が発見される事件から始まります。「私」はそこの日本人地主でそれを発見した使用人の男は失踪してしまうので、「私」は何か関係があるのではないかと思って調べていく。日本語の植民地史をたぐり、個人の足跡をたどっていくと、最後には、その失踪してしまった老人が、どうやら二人を殺したのではないのかというところに事件が行き着くのです。そこに至るまでの推測として、日本語で書かれた日本村の公式の歴史、それから、個人の日記が物語の種になります。

それから、何の役にも立たなかった警察の聴取。この三つからいろいろと推測をして、今言ったような殺人事件が実は心中で、日本から来た一八、九歳のうら若き美しき乙女と、この混血のある雇い人とが許されぬ恋に落ち入ったのですが、結局許されず、逃げるために家出をするのだが、使用人は二人を殺してしまうという事件が再構成されるわけです。四〇年前の殺人事件で、とっくに時効ですが、主人公は妙なこだわりを感じる。松井さんは細部に凝っていて、殺された娘の父親を知っていそうなサンパウロの一世へのみやげに、漬物を持っていく、なんて書いてあります。物語の本筋とは無関係だが、老主人公の同胞観がふと見えてきます。それが一般的なのかどうか訊きそびれましたが……。そうした植民地の裏の歴史、書かれていない個人の人生に興味を持つのは、まさに松井さん自身なのです。

そして一番面白いのは、松井さんは、その死体から出てきた金歯が、存在として非常に重要なのだと考えて、無縁仏に埋めて、いわば鎮魂をして終わるところです。松井さんの話には、鎮魂のテーマが他にもたくさんあります。『うつろ舟』にもそういうところがあるのですが、書きながら、亡くなった無名の日本移民、先人たち、俺もその一人だぞという意識がありますね。その先人たちの追悼を書いているのだという意識が、とても強いと思うのです。これはコロニア作家としては異例のことです。百年ほどの歴史を背負っている自分と自分たち。松井さんより移民全般についての話になってしまいましたが、追悼の意味をこめる思いでこの作品について語ってみました。

公的な「言葉」と私的な「ことば」

田村　最初にも述べたことですけれども、「いま、ことばを立ち上げること」というテーマを設定したときに、「ことば」と単語をわざわざ平仮名で書くことに、私はひとつの意味を込めました。今、「ことば」には、公的な領域と私的な領域をつなぐような意味と機能があるのではないかと思うわけです。先ほどお話ししたように、平仮名書きの「ことば」は女文字といわれたように、むしろ私的な領域から発される言葉です。細見先生はあまり触れられませんでしたが、「投壜通信」を例に挙げて訴えられていることは、やはり忘却、あるいは死に瀕した事実をどう伝えていくのかということです。たとえば、「アウシュビッツの後で詩を書くのは野蛮だ」というアドルノの有名な言葉があります。この言葉が引き起こした議論の詳細については細見先生にお任せしたいと思いますが、とにかく沈黙だとか、死だとか忘却というものから、どう厳然たる事実を救い出すか。これは公的であるとともに、かなりプライベートな行為であると思うのです。忘却にあらがう、あるいは記憶をどう伝えるかに個々の人間がどういう「ことば」を使っていくか、が問われるということとです。

一方で、「ことば」には人と人とをつないでいくという機能もあります。特に大文字の「言葉」、漢字で書かれる「言葉」は、言説や言論などは、やはり公的なパブリックな機能が強調されます。ことば／言葉にかかわる取り組みとして非常に重要なことは、この私的な領域と公的な領域を、どうつなげていくかだと思います。最初の「前置き」で言ったように、大学という場で、今、言葉というものがどのような現状にあるのか、どのような使われ方をしているのか。大学生が本を読まなくなった一方で、ほとんどの大学生はインターネットを積極的に利用しています。インターネットに頼ることは、本を読まないこととは直接はかかわらないかもしれませんが、もっと深刻な、本というメディアが直面し、変化を迫られている問題があるのかもしれません。

ただ私自身としては、大学という場は、ことばと言論をめぐる状況のそうした変化の中でもなお、公的な言葉と私的な「ことば」とをいかに仲介していくのかを常に考える場であると思っています。それはわれわれ教員が、私的でもある「ことば」を駆使して、半公的ともいえる授業や演習の場で、学生が公的な領域に旅立っていくのかということを、訓練する場でもあると思うわけです。それだけに、やはり大学生が言葉そのものに対して持つ不信や無関心、あるいは言葉を伝える媒体である本を読まないことには、かなり大きな問題が含まれると思います。

公的なもの、私的なものということで考えると、最初にお話をされた林先生には、むしろ言論、つまり公的な領域において、言葉が今どういう危険にさらされているのか、あるいは、どういう状況にあるのかを、お話ししていただきました。先ほど頂いた質問票の中にも、それに関するものがいくつか入っていました。

林先生にお渡ししてよろしいですか。

ジャーナリズムの規範としての言葉

林　たくさんご質問を頂きましてありがとうございました。たくさんなので、全部にお答えはできないのですが、一応、どのような質問を頂いたかを申し上げます。

第一に、日本のマスメディアは大丈夫かというようなことと、実際にこれからどうなるのかということ。あるいは、日本だろうがドイツだろうがアメリカだろうが、国にかかわらず、メディアが、今ちょっとおかしくなっているのではないかということについて。たとえば、メディアは、企業や政治家たちの短くて耳ざわりのいい言葉をそのまま垂れ流しているというご指摘や、媒体自体の信頼をつぶしかねないセンセーショナルなメディアの傾向についてのご指摘もありました。

それから、私以外の本日の先生方のご論考と非常に関係のある、哲学的な質問があります。たとえば、フェイクと真実との境目はどこにあるのか、事実と真実は何が違うのでしょうか、というようなご質問。それから、相手を言いまかしたり、やりこめるような議論は日本ではネガティブに考えられているけれども、そうではない議論のやり方はあるのでしょうかとか、そもそも一体議論とは何なのでしょうかという質問もあります。これは文化論であるとともに、哲学的な議論ともつながると

思います。あるいは、メディアリテラシーというものが日本ではなかなか根付かないのはなぜなのか、という質問もありました。

こうした質問は全部つながっていると思いますが、それを含めて、田村先生がおっしゃった、公的な議論と私的な議論とをどうつなげればいいかということを、わたくし自身の立場から考えてみたいと思います。本日の先生方のお話は、「投壜通信」について、ブラジルから発信される日本語による小説について、そして本屋さんをご自身で立ち上げられたご経験について、というようなものでした。そして今、私がジャーナリズム研究者としてすごく困っているのが、いわゆる公的な議論と私的な議論、この二つが重なってきているということなのです。ネット上のブログだとかソーシャル・ネットワーク・サービスが普及した結果、記者であろうと本屋さんであろうと、「投壜通信」の詩人でも、ブラジルから発信する作家も、いまやネット上の同じプラットフォームに立って、どんどん自分で記事や映像を作ることができる。そこには従来の意味での報道もある。そういうことで、いわゆる「ジャーナリズム」という営為の稜線《りょうせん》自体が見えにくくなってきているということです。これまでジャーナリズムは、プロフェッショナルたちが営む仕事だったのですが、今は素人も互角に進出しており、その境界線も、わかりにくくなっている。素人によってインターネット上に公開する言論と、ジャーナリストとして仕事をした言論との間には、どのような差があるのか、きわめて見えにくくなっています。

今、マスメディア自身も、本当にいろいろな問題を抱えています。二〇一八年には、世界中で業界内部のセクハラが次々と告発されました。メディアは男性中心主義で、苛酷な長時間労働を前提とするようなハラスメント的体質を内在させて発展してきたところがあり、マスメディア自身がどこに行けばいいのか、何を糧にしていけばいいのかがわからなくなっているように見えます。そんなときに、いわゆる「マスメディア・ジャーナリズム」には、最後に何が残るのかだと思うのです。ジャーナリズムは公的な、公共圏の担い手なども公言していますけれども、ジャーナリズムもきっと、やはり最後に残るのは、人間にとっての「生きる糧」としての言葉をどうやって紡いでいくかだと思うのです。しかしそこに、職業である以上、生活の糧を得る手段として、「どうやってもうけなくてはいけないか」という話が入ってくるからややこしいのですが。それは別個に考えるとして、やはり今、社会に生きる人たちにとって必要な言葉は何かを考えることが、ジャーナリズムの規範論として絶対に必要だと思います。

本当に信頼できる読者は誰なのか

細見　私にもいくつか質問を頂きました。今の林さんのようには、うまく質問を整理できないのですけれども、「投壜通信」という形式のイメージ等を含めて、林先生も言及されたように、そこで素人とプロのような分け方ができるのか。あるいは、どこでそういう線引きをするのか。それでも、やはり優れた文学と、そうではない文学のような違いを考えることができるのかなど、そういう質問がいくつかありました。

この切り分けは非常に難しいです。たとえば詩ということでいうと、よくいわれることですが、日本で、詩人であることで生活の糧を得ている人はほとんどいません。はっきり言ってゼロに等しいです。皆さんがよくご存知のところでは、谷川俊太郎《しゅんたろう》さんがいるではありませんか、となるのですが、谷川俊太郎さんの全収入がどれぐらいかは知りませんが、純粋に詩から得られているものは決して多くないでしょう。数年前に、日本生命か何かのＣＭコピーで谷川さんの詩が流れて、あれはそれなりの収入になったと思いますが、微妙ですよね。日本生命の広告の詩を、詩人としての収入と見なすのか、ある種のコピーライター的な副収入と見なすのか。つまり、いわゆる、それで食べていますということをプロの基準とすれば、日本では詩人のプロはほとんどいないことになります。

今日この場に、詩人の季村敏夫さんが来ていらっしゃいます。季村さんのお知り合いでもある方に、岩成達也さんという優れた詩人がいらっしゃるのですが、岩成さんははっきりと、自分の読者はまあ七、八人ですとおっしゃいます。そこに私も入っていますか、と思わず聞きたくなりますが、極端な言い方ですけれども、読者の数は本当はそれぐらいかもしれません。しかし、その七、八人にはきちんと読んでほしいし、きちんと読まれるものを書かないといけないという気持ちはものすごく強いわけです。

では他方で、何十万部と売れているベストセラー作家の本が、きちんと読まれているのでしょうか。自分の作品が本当に読まれているのか、本当に信頼できる読者は誰なのかと考えると、そういう作家も結構それはそれで孤独かもしれません。ベストセラー作家であれば、何十万人の読者を信頼していて当然だ、といえる部分もありますが、しかし、本当に読んでくれる読み手がいたとして、その読み手が今度はどう思っただろうか、ということが気になるはずです。それはたとえば、信用している編集者であったり、信頼している友人であったりするわけです。そういう人たちの批評なり意見なりは、やはり大事です。売れているけれども、どうも自分はあまり納得していない。そういうときに孤独を感じ、身の置き場所に悩むこともあるだろうと思うのです。

パウル・ツェランの苦悩

細見　先ほど、「アウシュビッツの後で詩を書くことは野蛮である」という言葉を紹介していただきましたが、これは私がやっているアドルノという人が語った有名な言葉です。そのアドルノは、同時にパウル・ツェランという詩人と親交がありました。ツェランは、『「投壜通信」の詩人たち』という本で、最後に二章をあてて扱っている詩人ですが、ユダヤ系で、二〇歳ぐらいのときに両親をホロコーストで失うわけです。両親は決してガス室で殺されたわけではないですが、ホロコーストのただなかで殺されます。ツェランは一人っ子でしたから、両親を守れなかったというトラウマを抱えるのです。

それで、彼はドイツ語で非常に優れた詩を書きます。有名な詩に「死のフーガ」という作品があるのですが、私は戦後ドイツ語で書かれた一番優れた詩であり、二一世紀に引き継がれるべき詩の一つだと思っています。この詩はドイツの教科書にも掲載され、戦後ドイツがいかにナチス時代を反省しているかということの証でもあったわけです。アドルノは、そのツェランの詩を高く評価していました。しかしツェランはあるときから、自分の「死のフーガ」がドイツの教科書などに掲載されることを拒否しました。なぜかというと、戦後ドイツがナチス時代に対して反省をしているということの、アリバイのように使われているのではないか、と考えたからです。「死のフーガ」を教科書に載せましたから、ドイツは過去についてもう反省していますよ、というようなアリバイに使われているのではないか、と。ツェランがドイツ語で書いている以上、まず読者はドイツ人なわけです。つまり、読者の大半は戦後、まだナチス時代とつながっている人、場合によれば元ナチスであった人たちです。そして、その人たちに向けても自分はドイツ語で書いてしまう。そうすると、正直に言って、彼らは本当に読んでほしい読者ではないのです。ツェランが本当に読んでほしい読者は殺された人たちだったと思います。つまり、現実にはもう読めない人たちですね。

そういう状況において、ツェランは自分にとって一番大事な作品をドイツ語の言葉の海に、ドイツ語で放たないと仕方がない。彼は母語がドイツ語でしたから、作品はやはりドイツ語でしか書けないと言っていました。翻訳はたくさんしています。フランス語、ロシア語、スペイン語、英語、ヘブライ語からもドイツ語に翻訳しています。ものすごく語学ができて、翻訳はたくさんするのですけれども、自分が書くときはドイツ語で書く。ところが、自分がドイツ語で書いた途端、ドイツ語のネイティブが読者になってしまう。その読者は、いわば彼からすると、本当に読んでほしい読者ではない場合が多いわけです。しかし、そこをくぐってしか作品は放たれない。そういう状態で、それでも彼は作品を書き続けたわけです。晩年になると、ツェランの作品はどんどん、ちょっと表面的にはわかりにくくなっていきます。そんなツェランのような例もあります。

ですから、最初に戻って、素人が書くか、あるいはプロが書くか、さらに文学の良しあしということは、少なくとも、読者の多い少ないでは判定がつかないところがある。そして、やはり私としては、生きる糧としての言葉や文学を求めたいということになるのですが、それはつまり、それを一種、自分のライフワークと呼べる人ですね。ライフワークというのは、必ずしも自分の生活手段ではなくて、自分が人生の中、生きてゆく中で、自分の人生を通じてやりたいことの筆頭であると考えている仕事のことです。これは今、若い世代を含めて、音楽であれ、美術であれ、演劇であれ、みんなそうなっているように思います。それが生活手段になったらいいなという気持ちと、しかしそうならなくても、自分にとって一番大事なものはこれだと考える姿勢です。要するに、私のライフワークはこれだと考えて、音楽なり、演劇なりに取り組んでいる人たちがたくさんいます。

私は、そういうライフワークとしてその仕事に取り組んでいるという限りにおいては、その人は広い意味でのプロといえるのではないかと思います。生活の手段とはまた別の次元でライフワークがあるというあり方を、それぞれの人が実践していると思うのです。これは狭い意味でのプロでもそうです。つまり、生活の手段として書いている文章と、自分のライフワークとして書いている文章は、はっきり言って狭義のプロにおいてもやはり違うと思います。そういうやり方のなかで、自分の人生のなかで、何を大事な言葉として託してゆけるのか。それから、そういうふうにして託された人の言葉を、どういうふうに読んでゆくのかということですね。文学学校で一体何を学んだのですかと問われることがあって、確かに私はは何を学んだのだろうかと自問するのですが、私が学んだのは結局はそういうことだろうと思います。

文学学校では合評会が基本です。ある人が初めて書いたような小説をみんなで読み合う。そして意見を言い合う。そうすると、突然後で泣きだす作者がいる。私はチューター役をしていましたので、これはきつい批評があったかな、誰かがきついことを言ったっけなと思って心配をしていたら、そうではなくてうれし泣きだったりします。こうやって読んでもらったのは初めてだと言って、うれし泣きをされています。そういう形で読み合っていく、そのことを大事にしていく限りにおいては、それはその人たちにとってのライフワークであって、それが文学の非常に大事なものを支えていると私は考えています。その中から思いがけず、何かの賞をもらう人が出てきたり、さらには職業作家になっていく人が出てきたりします。けれども、職業作家になったからといって、その人の綴っている作品や文章が、全てその人のライフワークかというと、そうとも言えない。やはり生活のために書く文章も出てきます。その上で、けれどもそれに呑みこまれないで、自分の一番書きたいものを書くということを、やはり狭義のプロでもやっていかざるを得ない。その点では、私はあまり、プロ、素人という問題ではないかなという気がします。

「何が足りないのか」を問う

石井　私も非常に良いご質問をいただきました。《文章を削る指導は、学校から出版までよく聞きますが、増やす意味の要求は珍しい。文章を増やす方向にはどのようなやり方がありますか》。

わかりやすくするということを考えるときに、私がいつも考えるのは「誰にとってわかりやすいのか」ということです。具体的に申し上げます。最初の『海の本屋のはなし』は、Iさんという、とある本屋の副店長(注・刊行当時)をやっていらっしゃる方を読者として想定しています。『スリップの技法』はKさんという、熊本にある本屋の三〇代の書店員を想定しています。具体的な個人を想定して、「その人にはどこまで説明をしないと伝わらないか」「その人にはこれを説明するとかえって失礼ではないか、野暮ではないか」と考えます。たとえばIさんは書店員としてはベテランでいらっしゃるけれども、海文堂書店の中のことまではご存じない。であれば、海文堂書店の店員の日常のことは、ことばにして起こしたほうがいいだろう……という判断です。

『海の本屋のはなし』の中では、平台《ひらだい》とは、面陳《めんちん》とは、仕入れとは、取次とは何かということは説明していません。知りたかったら調べてね、と。同じように『スリップの技法』でも、取次や平台ということばは若い書店員でも知っていますので説明していません。ただ若い人ですので、スリップのことはご存じないですから、そのことは説明します。「誰に届いて、誰にとってわかりやすくなるのか」という目印をひとつ立てて本をつくると、結果的に、八百屋さんやメーカーの仕入れの方にも届く。これは私の実感としてあります。

文章を削るのは——途中までは——簡単です。「それは要らないでしょう？」というお話、繰り返し、形容詞、副詞、あるいは動詞的に使われる謎の単語を見つけていく作業です。たとえば「感覚」という語や「文脈」とかいう語は非常に格好が良く便利なのですけれど、「これは著者のあなたにしか意味がわからないですよね？」というケースも多い。こういう語はいったん削ることができます。

ですが、ご指摘のとおり「何が足りないのか」は学校でも本づくりの現場でも意外にいわれていません。今は「何が足りないのか」という問いの立て方をあらためて考えていい時期ではないかなと思います。同じことば、同じ単語を使っていても、隣の人が考えていることが実はまったく伝わっていないということが増えたように思うからです。

トランプにしても安倍晋三にしても小泉純一郎にしても、ろくでもない言説を吐く政治家のことばは大体短い。貴乃花が優勝したときに小泉純一郎が、「痛みに耐えてよく頑張った、感動した」と言ったわけですが、私は「これで『感動した』ということばは使いにくくなったなあ……」と思ったのです。林先生にお伺いします。なぜ、彼らのことばはこんなに安っぽく短いものになるのか。短いとバレないから短いのですか(笑)？　長く具体的に説明をしようとすればするほど、隙ができます。短くパッと言って逃げるとバレないで済むから短いのでしょうか？

林　テレビの影響だと思います。テレビのニュースは一分や二分の単位ですから、そこで長くなると、テレビ局の方は困ります。「感動した！」とか、「女性活躍推進」、「一億総活躍社会」などは、やはり、内実がわからなくても、ニュースに挿入しやすいし、視聴者にとってもパッとイメージが湧いてきやすいことがいいのではないでしょうか。

石井　そうすると、本をつくっている身からしますと、ますます仕事の場所が増えていいなと思います（笑）。たとえば「美しい国、日本」は隙だらけです。美しいという形容詞って何だよと思いますし、「日本を、取り戻す」は誰から何を取り戻すのかよくわからない。そういう隙だらけの短いことばが出てくると、ことばを増やす仕事も増えるのではないかと。

ブラジルで書く日本語

細川　「立ち上がれ」もそうですね（笑）。立ち上がれの話もいずれしようかと思いますが、では、私が質問を幾つか頂いたうちから、話をしていきたいと思います。

賞の話から。《石川達三の『蒼氓《そうぼう》』が第一回芥川賞を受けて、このとき太宰治が破れて二位になった。現在では、石川はかなり太宰に比べて評価が低いが、ブラジルと日本人社会をアピールする文学の誕生を期待しています》。第一回だからみんなが石川達三を覚えているのです。これが第五回目ぐらいの受賞作だったら、たぶんこんなふうに思わなかったかと思います。太宰が取ったかどうかは、ちょっと全く、私の想定外のことなのですけれども。それから、石川文学がブラジルについてのイメージを、こういうものだということを伝えたのは確かですが、どのぐらいの人がその後も読み続けたのかは、ちょっとわかりません。ブラジルの日本人社会を描きえた文学をもっと紹介してほしいとおっしゃいますが、日本ではあまり書かれていません。それほど数はありませんが、まずは松井太郎ぐらいから読んでいただいて、後書きにあるものから何かを引っくり返してみるとよろしいかと思います。どちらにしても、今人気のある話題ではありませんから、これから極端に増えていくこともないものと思います。

それから、《スタインベックのような壮大な物語を書く人材はいなかったのか》、という質問がありました。確かに、それほど壮大なものを書くことは難しかったかと思います。一つには、少なくともブラジルで日本語で暮らす限り、今でいうと、言葉で飯を食うなどということはまず不可能なわけです。せいぜい新聞記者などがいるだけです。それから日本語学校の先生も多いですけれどもね。そのぐらいしか、日本語の社会をつくっていくことができません。その中で、スタインベックのようにプロとして書くということは、たぶん難しかったかと思います。短編がほとんどです。この『うつろ舟』という長編にはびっくりしますが。

もっとほかには、インターネットで読めますけれども、リカルド宇江木という大阪出身のとてつもない作家がいました。スタインベックのような構成力、文章力からは程遠いですが、ある移民の伝記のかたちで長大な物語を書き続けた人はいます。文章はあまりよくないと思うのですが、リカルドはだらだらっと続いている相当な規模の本を自費出版で配っていました。これも一種のライフワークですね。大阪弁で書くことに挑戦したりもしています。もちろん、今でいうと、ある文学的な挑戦かもしれませんが、当人にはそういう意識は全くなく、書いてみたいから書いているというような方だったそうです。それは素人だからこそ、非職業だったから書けるというようなこともあります。ですから、スタインベックのような作家はいなかったけれども、別の形の「文学する」ということを、ブラジルの日本人はやってきたと思います。

それから私の研究書の中では、「文学する」という動詞を作って、これは文学にかかわること全てで――書く、読む、出版する、あるいは届ける、批評する、それをめぐって飲み会をする、も含めて――何かちょっとでも文学にかかわって何かをすることを、全部「文学する」という動詞にまとめて、何か論じられないのかなということを、別の分厚い文学誌のほうでは試してみました。

それから、フロアに松井太郎の小説を読んだ方がおられて大変うれしく思いました。《激しい小説で心底驚きました。なぜ、どういった背景で、何を目的にこんなすごい小説を書かれたのかと思いました。先人に対しての、あるいは自身の鎮魂のためというのがよくわかります》と書かれています。どうもありがとうございます。ブラジルで日本語で書いた日本語文学者は、たぶん数百人はいますし、もし短歌、俳句まで入れたらもう一桁多いと思いますけれども、そういう中で、松井さんは非常に異質の人です。たぶん、日本語でこうやって本に出して、意味があるという言い方は失礼かもしれませんが、たくさんの方を感銘させ、感動させられるという人は、ほんの数名です。しかも、本のレベルでそれができる人は非常に少なかったと思います。第一作で面白いなとは思っても、第二作が全然駄目ではないかということは、外から見て思います。別に私がどう思ったからといって、当人にとっては何も痛くもかゆくもないのですけれども。

松井さんは確かに激しい小説で、鎮魂のため……、彼はほかに詩を書いていたり、エッセイも書いています。それから、詩の中には私小説のようなものもあります。いろいろなタイプの書き物で、小説の中ではフィクションを書くのだという意識が非常に強い。その分自分の魂が逝くような設定をうまく作って、誰かを殺す、誰かをよみがえらせるというようなことをやっていたのだろうと思います。

それから、なぜ日本人がブラジルで書くのか。母国語を習熟する前に移民として渡っているのです。これは、何歳で渡ったかはみんな人によって違うので、決めることはできません。若いうちに行って、日本語学校で辛うじて覚えた言葉で書いているような、こちらから見れば稚拙な人もいれば、松井さんは日本に二〇歳近くまでいたので、きちんと習熟していたと思います。渡航後、日本語環境で暮らした方もいれば、そのほかに飛び出した方もいます。一般化出来ません。こうした日本語学習の環境と、「文学する」というようなことも、本当は考えたかったのですが、当時はちょっと、頭がここまで回りませんでした。名作に出会うのは調査のはげみですが、日本語で「文学している」こと全てが、私の関心にあります。

文学としての「投壜通信」

細見　私は「投壜通信」というイメージで語りました。それは文学の全てに当てはまるわけではないですけれども、私はやはり、文学の非常に大事な役割や機能の一つに、そういうことがあるだろうと思います。カツェネルソンの、その『滅ぼされたユダヤの民の歌』はいろいろな言葉に翻訳されています。私も友人と二人で翻訳しました。みすず書房から一九九九年に翻訳が出ています。こういう作品になりますと、それこそプロかアマチュアかだとか、何のために書いているかなど、そういうあたりの議論をもう超越しています。書かざるを得ないし、それが本当に戦後に読まれるかどうかもわからない。しかしそれを壜に詰めて、地中に埋めざるを得ないということです。そして、実際に彼はそういうことをしました。それが文学の全てではなくて、ファンタジーなど、もっといろいろな文学があります。けれども、少なくとも一つ、そういうふうな文学の役割はあるのではないかと思います。それがまさしく、具体的な投壜通信であったということなのです。ただし、カツェネルソンの作風は、ツェランとは大きく異なっています。ツェランは非常に難しい書き方で、メタファーなどが強い人ですが、カツェネルソンはある意味では自然主義というか、そのまま書いているようなところがあります。しかし、やはり鎮魂なのですね。殺されていった者たちの名前を、まるで墓の墓碑を刻むようにして作品を書いている。そして自分自身もまた殺されてゆく。そういう文学の機能というものは、やはり私なりに大事にしたいなというところで、ちょっとその点を補足させていただきました。

マスメディアに支配されてきた公共圏の悲劇

林　私に来た質問に、《マスメディアには、言葉を軽視する傾向があると思いますが、どうでしょうか》というものがありました。それから、メディアが自分たちの首を絞めている。たとえばアメリカには保守的思想をもつシンクレアという会社によって、ローカル・テレビ局のチェーン化が進んでいるけれども、そういう会社がニュースの信頼をつぶしにかかっていることについてはどう思うか。あるいは、スティーブン・バノンの「ブライトバート・ニュース」もメディアのうちに入るのでしょうかというような、メディアの現状批判を確認されるようなご質問が私のところにはたくさん来ています。これらの声は、すべて「マスメディア」に向けられています。これに対して、今日のご登壇の先生方の話はまったく別世界。これ、どうなんでしょうか。

私は今日の先生方のお話を聞きながら、ちょっといろいろ考えていたのですが、私自身は、先生方と私との研究テーマの間には深い溝があって、この溝、あるいは境界や壁と言ってもいいのですが、それについてもここで議論ができるかもしれません。なぜ、こんな溝があるのかという疑問、これ自身が日本の、あるいは世界のマスメディアに支配されてきた公共圏の悲劇なのではないかと思うのです。

パブリックだといわれてきたマスメディア・ジャーナリズムは、たとえば、投壜通信に入っている声をどこまで反映してきたか。あるいは、ブラジルで苦労されている人たちの声を、日本の新聞はどのぐらい吸い取ってきたか。これまで、どれだけの街角の本屋がつぶれて、かわりにマクドナルドのような本屋しか残っていないのはなぜか、といったことを、深く追及する長い記事は新聞には載りません。現在、新聞では、一〇〇〇文字書くと長い記事になります。私がある新聞に寄稿したときも、八〇〇字までにしてくださいとうるさくいわれて腹が立ちました(笑)。八〇〇字で描けてしまう社会問題って、何なのかと。無理して短くした場合、何が切り取られていくのか。

ここがジャーナリズムの悲劇で、私自身は新聞では、たとえば家庭面や女性欄に非常に興味をもち、一九九〇年代、それを博士論文のテーマにしたわけです。なぜならば、新聞の中でも家庭面や女性欄だけは、記者クラブ発表がない。長い特集記事がわりと自由に書ける空間でした。けれども、「林さん、家庭欄なんてものはジャーナリズムではないよ」と、当時のほかのメディア研究者たちから指摘された。けれども今から考えると、そのような「ジャーナリズム／ジャーナリズム以外」という線引きこそが、ジャーナリズムが人間の声を吸い取り切れず、社会とのいろいろな摩擦を起こしてきた理由ではないでしょうか。生活の声に耳を貸さない、ネタといえば事件事故。完全男性中心の職場だから、セクハラもあって当然。女性記者には「ちょっとおまえ、色仕掛けでネタを取ってこい」などと平気で言う。そんな雰囲気ですから、投壜通信の声なんて届くはずがありません。しかし、今デジタル・ジャーナリズムが進化して、いろいろな人がいろいろな声をいつでもどこでも上げられるという状況になってきて、旧来のジャーナリズムは、どんどん追い詰められ、縮小し、読者からソッポを向かれていると思うのです。

今は出版も、いろいろな形で一般の人でもできるようになってきています。そして、ここが問題で、先生方がそれぞれに、こういう素晴らしいケースがあるよとおっしゃるし、私自身も本当に素晴らしいと思います。だけれども、そういう試みは、「ジャーナリズム」という概念とどう近似するものなのか。現代ネット社会では、先生方のほうからも、何らかのご提案をしてほしいなと思いました。

どこからがマスメディアなのか

石井 今、林先生は境界線があるとおっしゃいましたけれども、私は自分が線のどちら側にいるのかわからないのです。たまにまだ「君たちマスコミは」と言われることがあるのです。私はひとりで出版社をやっていて、資本金は三〇〇万円で、銀行から借り入れもしていて大変なのです。「うちのどこがマスじゃない」と思うのですが、本を出しているとマスになってしまうのです。講談社などの大きい出版社はマスなのかもしれませんが、ではどこからがマスで、どこからがマスではないのかがわからないのです。

それはネットのメディアも同じで、資本規模が小さいのに見られているものはいくらでもあります。何の基準でマスなのかということがわからなくなっているのが、私の今の困惑なのです。たとえば、先ほど林先生がおっしゃった調査をされるときの、どこからがマスメディアなのかという要件定義はあるのですか?

林 私が調査をする際、ニュースの情報源として、全国紙やＮＨＫニュースと、それから民放では、たとえば「報道ステーション」などと選択肢を決めて尋ねてきました。けれども、こうした質問の仕方も、もっともっと工夫の余地があると思います。痛いご指摘です。

石井 たとえば、今はなき『新大阪新聞』は、マスメディアだったのだろうかと思うわけです。部数は少ないけれども、その地域の経済人は全員訃報欄を読まなくてはいけないような地方紙もある。「マス」の境目が私にはよくわからない。細川先生、先ほどお話しされた石川達三の『蒼氓』が二、三年前に復刻されたことをご存じですか。

細川　知りません。

石井　私は神戸で出版社をやるとなった際に『蒼氓』の復刻をやろうかなと思っていたのですが、こちらが準備をする間もなく、秋田 魁《さきがけ》 新報社という秋田の新聞社が『蒼氓』を復刻しました。これは達三が秋田出身だからでしょうか。

細川　そうですね、秋田が出身です。

石井　この復刻のことを神戸の本屋さんのほとんどが知らなくて、神戸で『蒼氓』の秋田魁版を置いている本屋さんはほとんどありません。では、神戸の本屋さんにとって、秋田魁新報社はマスメディアといえるのかと思ったわけです。

細川　知りませんでした。どうもありがとうございます。しかし、何で今頃なんでしょうか。一〇〇周年だとか。

石井　わかりません。何か理由はあると思うのですが。

細見　石川達三があの作品で第一回芥川賞を受賞したときは、やはり日本の文壇自体がそういう、日本人が海外に、いわば雄飛していくというようなイメージがあったのかと思います。しかしあの作品自体は、ブラジルに至るまでの船の旅が延々と書いてあって、いわゆる、雄々しく旅立つということでは全然ないのです。対極にあるような非常に苦しい状態が書いてある。それでもやはり、日本人が海外に出ていく文学などを奨励しようという雰囲気があったと思うのです。一方で太宰の『逆行』は、それとはちょっと対極にあるような小説だったので、やはり石川達三が芥川賞を受賞したということがあったと思います。

それで、先ほど、われわれと林先生の間に線が引かれている、という話があったのですが、やはり何がマスコミで、何がミニコミかという問題が、もうぐちゃぐちゃになっているということです。特にブログや、いわゆるSNSなどを含めて、誰がマスで誰がミニかというようなことが、もう定義できなくなっている状態です。

これもまた文学学校がらみで、非常に申し訳ないのですけれども、それこそ文学などの合評も、ブログやサイトなどでできます。現にやっている人がたくさんいます。しかし先ほど言ったように、本当に批評されて、涙を流した人がいて、こちらが何かきついことを言ったかなと思ったら、うれし泣きでしたというようなことは、やはり顔を合わせた、そういう一四、五人の場でやっと遭遇することです。

書いている者同士が顔を合わせている場合には、自分が、何かその作品に対して厳しいことを言ったとしても、自分の作品もやはり読まれます。言っておいて逃亡するということはできない。言った以上は自分も作品を出して、おまえはあんなことを言っておいて、おまえの作品自体がこうではないかという話にすぐなる。言うだけ言って自分の作品を出さないで逃亡したら、そういうやつだったという話になります。

だからそういうふうな、本当の意味での、ある種の相互性のようなものが保証されている場所で作品や言葉を交わし合うことは、やはり大事ではないかと思います。ブログであれSNSであれ、そういうメディアは、ミニコミ、マスコミという定義をぐちゃぐちゃにする可能性があります。けれども、ブログやSNSはそういう意味での相互性というものからは遠いような気がします。相互性に類したもの、そういう何かに具体的につながっていくようなイメージを、どこか私は持ちたいという感じがしています。

「ことばを立ち上げる」とは

細川　開催趣意書が送られてきたときに、私はこのシンポジウムの場に入っていいのかと思ったのです。9・11、3・11、post truth、いずれも全然考えていないのです。林さんはいいとしても、私はどうしようとうろたえて、結局自分の、神戸だ、松井太郎だという話、これはきょうのテーマに合っているのかどうかはちょっとわからないですけれども、そう思いました。これまで長くやってきた、ブラジルで書く日本語、あるいはブラジルで読む日本語、ブラジルで話す日本語というテーマが、きょうのこの開催趣意書に、どうやったらうまく入っていけるのか、悩みに悩みました。

たとえば、それから「ことばを立ち上げる」。別に、ブラジルに行って何かぐちゃぐちゃと書いているだけで、何も文学的な志などはなく、書きたいから、あるいは社交のために、こんなことを思い付いたからと書いているものが、「立ち上げる」という、この非常にポジティブな言葉のあり方にどれぐらいかかわっているのか。自分の本の中では、ことばを立ち上げているのだ、こんな日本語があるということを皆さんに紹介したい。自分もそういう社会に、今言った顔を合わせる、おじいさんやおばあさん連中の中に行って動く力を付けられた。それを知らない日本の読者に伝える、というようなことを考えていたけれども、きょうの趣意書にある「立ち上げる」ということから見ると、だいぶ違うなと今思いました。「ことばで支える」というような地味なありように私の感心はあります。

ことばを立ち上げる……、エリート対ノンエリートということには、強く、ますます格差ができているのではないでしょうか。どうでしょうか。林さんにこれも聞くべきなのかもしれません。それから、きょう来るときの電車で、「民」という字をもう一回考えたほうがいいのかなと思っていました。民主主義や民意や人民という言葉は、非常に悪用され、いいように使われているということを、林さんは『メディア不信』の中で書かれています。デモクラシーというものは、これは外国語だからそれでいいとして、たとえば日本語で考えるとしたら、やはり民主主義の「民」について考えることのほうが、もっと本質的ではないかと。また話が哲学的になってしまったのですけれども。

それから、私がきょう言おうと思って言えなかったのは、外地と内地の問題です。ブラジルはこちらから見ると外地なのですが、本当に外地なのか。住んでいる人にとっては、外に住んでいなくて、そこに住んでいるわけです。外地と内地というこの二項対立というか、対比にはどれぐらい意味があるのかも、本当はきょう細見さんなどに聞いてみればよかったのかもしれません。ちょっと話が飛んでしまって申し訳ないけれども、来る前にこんなことを考えていました。

それから、今の話ばかりが出るけれども、昔もこうだったと思います。フェイクニュースというと新しいけれども、これはデマや垂れ流しとどこが違うのでしょうか。日本語だと、私はデマという言葉を随分長く使ってきましたが、それにぴったり来る英語がなかったから、今どき学者や評論家は、あまり言葉のルーツを知らないでフェイクニュースというのかなと、こんなことも来る前に考えていました。インターネット時代には規模が違う、世間の動かし方、動き方が違うというのは理解できますが。

出版の現状と本の未来

田村　「立ち上げる」と趣意書に書いたことは、それこそちょっと男性中心主義的に受け取られるかもしれませんが、そういうことは考えていませんでした。むしろ、作り上げるといってもいいし、あるいは耳を傾けるとしてもいい。それも、「ことばを立ち上げる」ことにつながると思います。もうひとつ、私にとって特に今回非常に興味深かったのは、石井さんが本というものに対して掛けている期待です。まだまだ本は捨てたものではないというお考えが非常に面白かった。流通や販売などの現場で、まだ本というメディアに希望をつないでいる、あるいは元気づけられる人々がいる。あるいは、先ほど海文堂という本屋の話がありましたけれども、本屋というところは、単に本を売る設備ではない。むしろどう客とつながっていくかを試行する場でもある。もちろん本屋さんには、新しい本を作ったり、新しい情報を届けたりという機能もあるのですけれども、本と本屋がこれからどういう未来を持っているのかについては、われわれも考えておかなければいけないことではないでしょうか。

先ほど細川先生の、ブラジルで書く日本語ということもありました。ここでも一つ前提になっているのは、やはり印刷物や本などではないかと思います。それが残されない限り、ことばはやはり消えてしまう、あるいは忘れられてしまいます。もちろん、忘れられてしまうということを、よしとしている人もいるのかもしれないけれども、一方で、「救い上げる／掬《すく》い上げる」ことがなければ、われわれにも伝わらないわけですよね。そういう掬い上げるメディアとしての本、あるいは伝えるメディアとしての本というものにどういう未来があるかを、ちょっとお聞きしたいと思います。

もう一つ、今の世界にはインターネットやウェブなどで大量に垂れ流された情報があります。林先生の関連でいうならば、たとえば今、非常に話題になり、かつ問題視されている「ボット」というインターネット上の情報の自動発信装置があります。選挙の前などに、相手陣営に関して大量に、機械的にロボットが生成する情報が送り込まれます。一人一人が書き込むわけではなくて、ロボットが生成したものを大量に流すことで、民意というものを作り出すようなものです。

これは新しい出来事です。たとえばインターネットが最初に出てきたときには、「ウェブ市民論」というような、ウェブによって民主主義が実現されるという期待、もしくは幻想がありました。ウェブ上で実現される民主主義は男女の性差もなくすし、年齢差や階級もなくします。みんなが発言できるわけなので、平等が実現され、ウェブによって合意ができて、新しい民主主義が始まる。こんなバラ色の夢のようなものが描かれたのです。けれども、それが本当に近頃は全然信じられなくなりました。むしろ民意を覆すため、あるいは合意を崩すためにインターネットの空間が使われたり、非常に敵対的に言葉が使われたり、そういう現実があります。

そういう情報環境の中で、本は今かなり劣勢です。本というメディアは劣勢で、やはり販売額も少なくなっているし、特に人文系の本はどんどん少なくなっています。それでもなおかつ、本というものにどういう未来があるかについてお話ししていただければと思います。

石井　非常にシンプルな返事になってしまうかもしれないのですけれども、本に未来がないと、私が困るからです。私がご飯を食べるためにはこれしかないので、これに未来がないとなると困ってしまうわけです。ですから、未来があると全力で思い込むようにしているというのが、お答えになると思います。

ここから先は後付けの理屈です。実際に本は最初の情報を八〇何倍の解像度にできますし、その量を入れることができますので、本という装置はなかなかよくできています。これは未来があるだろうと思うわけです。

細見　本の未来ということなのですけれども、先ほど石井さんが発表されるときに、第一次原稿があってそれにどういう赤が入って、最終的にどうなったかという提示をされていました。今、出版社では、全体の出版販売数は減っているかもしれませんが、出版点数はすごく増えています。つまり、昔だったら四〇〇〇部、五〇〇〇部など出ていた本が、二〇〇〇部や、場合によったら一五〇〇部になって、それでたくさんの種類が刊行されているのです。

私が出版社で担当してもらっている編集者などは、月にやはり二、三冊は抱えています。そして校了という、もうこれで最終版として印刷屋に回してしまう確認がありますが、あれが月に一回か二回ぐらいは必ず入るという状態です。そんなことをしないで、もう少しロングセラーで売れる本を刊行点数としては少なめに出せばと思うのですけれども、それはやはり、資本のロジックとしては無理なようです。つまり、少ない刊行点数でロングセラーを出すよりは、少ない部数の本をたくさん出す。これは流通の問題などがいろいろあります。月に五点だとかを確保しておかないといけない。それだけの刊行点数で貨物列車や倉庫などを満たしていかないと、流通が相手にしてくれない状態があって、刊行点数は異常に増えている。

ですから各編集者は、一年で二〇冊だとか三〇冊を担当していて、一〇年で二〇〇冊、三〇〇冊を出版していることになる。そういう中で、自分にとって心に残る一冊がどれだけ作れるか。つまり、先ほど石井さんが見せてくださったような、赤を入れてくれる編集者が、今はほとんどいないと思います。そういう余裕がありません。あるとしたら、たとえば言葉のちょっとした漢字や平仮名、取りあえず誤植などはチェックしてくれますけれども、ここは読者に伝わりませんだとか、ここは言葉が足りませんというようなきちんとしたチェックをできる余裕が恐らくなくなっている。ですから、ちょっと私はびっくりしました。やはりそういう形で作っていかないと、長持ちする本はできません。しかしそういうことをやっていたら、今求められている刊行点数は満たせない。ですから、書く者、それから編集者、もちろん出版社も、もう少し丁寧に仕上げていくような時間が必要ではないかと思います。

それこそ、ブログや電子メディアなどになったときに、そういうことがさらにできるか、ですね。ブログや電子メディアの要請は、やはりとにかく早くということなわけです。そのときに、先ほど石井さんが見せてくださったような、この一言では伝わりませんよというような戻し方が大事になってくる。そこで既にやりとりがあるわけですね。そういうやりとりをした上で出来上がる本というのが、一つの本の文化だったと思います。それが非常に失われつつあるような気がします。ですから、それこそ関西学院大学出版会二〇周年ということであれば、やはり大学の出版会は、そういう丁寧さ、ここは伝わりませんよということを書き手との間でやりとりできるようなところがほしい。私自身も、そういうふうにはなかなかできないですけれども、書いている側としては、やはりそういう指摘がほしいわけです。それこそ、自分にとっては伝わっているつもりでも、相手にとっては伝わらないという、そこを最初に指摘してくるのが編集担当の方なのです。

実は私の場合は、大体自分が書いたものは妻に読んでもらっています。ここはいけないと妻が突っ込むのです。妻が元編集者ということもあるのですけれども、原稿は大体全部読んでもらいます。そういう形で、丁寧に作っていくという当たり前のことですが、それはやはり大事にする必要があるなとあらためて思いました。

石井　私はあれしかやり方を知らないので、そうなっているだけです。

細見　今はやらないですね。

石井　と聞くのですけれども、私の友だちの編集者は大体ああなのです。つまり、そうではないやり方との縁がないというだけで。確かに著者の方からは、「本文よりも赤字の文字量のほうが多い」と言われたことはありますが(笑)。

細見　その赤字も見せてほしかった(笑)。

石井　お客さまにお見せするものではありません(笑)。

細見　初校も見せてはいけないのでは?

石井　きょうはぎりぎりの線を引きました。私からもお伺いしてよろしいですか?　先ほど細見先生が「言葉におぼれる」とおっしゃっていられたのを聞いて、「おぼれる」ということは、ある種幸せなのではないかと思ったのです。今の状況は、おぼれるのが怖くて水に近づかなくなっているうちに水とは何なのかもわからなくなり、おぼれて死んでしまうようになっているのではないか、と。細見先生は、おぼれたけれども再生されたわけですよね?

「言葉におぼれる」経験

細見　要するに、たとえば左翼用語というものは、よくわからない言葉が多かったですけれども、それだけではなくて、信心決定《しんじんけつじょう》ってわかりますか。生死一大事《しょうじいちだいじ》もわかりますでしょうか。一八歳の人間が、信心決定だとか生死一大事などと言われたら、もう何のことかわからない。だけれども、それを理解しないといけないと思って、どうしたら信心決定に至るのか。「地獄は一定《いちじょう》すみかぞかし」は、これは格好いいなと思ったのですけれども、親鸞《しんらん》系のそういう言葉などがたくさん入ってくるわけです。その親鸞系の言葉と、マルクスの言葉、それから新左翼系の党派の言葉などに、もう本当に振り回されて……。

ある党派の人は、別の党派をことごとく簡単に論破します。そしてこちらの党派に行ったら、こちらの党派が言っていることを、ことごとく簡単に論破する。あいつらはこんな簡単なこともわからないやつらだと。本当にそうだと思ってこちらに行ったら、いや、しかしあいつらこそこんな簡単なこともわかっていないと。本当にそうだなと思って、どうしていいかわからないのです。それに対して両方の立場を超えて、両方ともここが間違っているなどと言えるような立場に、自分が立てない。生協で食事をしていたら、その両方の党派の人がやってきて、が一って論争をしたりするわけです。もうやってられません。しかしそういうときは、非常に苦しかったです。

そういうものに対して、何というか、メタレベルに立って反抗したり、抵抗したり、位置付けたりする言葉が、自分にはない。一八歳で、向こうは、大学で二年、三年、四年、五年も上の人たちですから。そうするともう、その言葉を取りあえず聞いているしか仕方がなくて。しかし、そこにすっかり入り切れない自分がいて……というような体験です。

ヘーゲルやマルクスなどもそうでしたが、一方で学生によく言うのは、やはりこれはどこかサウナのような世界ですから、湿度も温度も違う。そこへ入って、ぶるぶる汗をかきながら理解するしかない。お互いにサウナに入っている人間同士が、ヘーゲル用語やマルクス用語を理解し合うためには、そのサウナに入っているしか仕方がない。何とか体がなじんできて、ヘーゲル用語やマルクス用語が使えるようになってくる。

しかし、サウナの向こうにいる人とは全く言葉が通じない。けれども、理解するにはやはりそういう経験も必要なのであって、ヘーゲルに関してはかなりそうしたつもりなのです。どこかヘーゲル化してしまうのです。けれども、やはりそうし切れない部分がどうしても出てきてしまう。そこから弾き飛ばされる自分がいて、それで、ヘーゲルについての卒論の最後に自分の詩を書いてしまうという、そういうことであったと思います。

それから、ことばにおぼれる。確かに、おぼれるところまで入るのには怖さがあるけれども、私にとってはそこで必要なことだったのでしょうね。

石井　「あのときおぼれておいてよかった」と、今はもう言ってしまっていいですか？

細見　いや、二〇歳ぐらいのことはもう二度と繰り返したくありません。もう本当に、非常につらい時期でした。だからこそ、文学学校に行ったときに蘇生した。文学学校に行った二年間は繰り返してもいいけれども、二〇歳前後はもう二度と嫌です（笑）。ですから、今学生として入ってくる人たちはどうなのだろうと思います。いろいろなことがあるだろう。だから、もう勉強はともかく、とにかくそこをうまくクリアしてくれと思います。

石井　二〇歳だと体力もあるので、何とかなるんじゃないでしょうか（笑）？　では、たとえば、二〇代のときにおぼれるほどのことばの経験がなかった四〇歳の勤め人が、今、新聞を読んでテレビを見てマスメディアに対して声を発しているのか、という興味が私にはあります。インターネットの登場以降、そういう声の量はやたらと増えたと思いますが、質はどうか。おぼれた経験のない者のことばは、ことばとして有効なのか。たとえば林先生の研究の対象である人々の声をアメリカやイギリスと比べていったとき、この声のなさ

――正確には「弱さ」でしょうか――その原因は何なのだろうという興味が私にはあるのです。

インタラクティブなインターネットの可能性を探る

林　それは私にも確としてわかりませんけれども、これまでのジャーナリズムは、どちらかというと、そういう読者たちの個人的な生活や感情の領域には無関心というか、冷たい目を向けていたのではと思うのです。

これに対して、ブログの世界や、ミニコミの世界などは、生きている人の言葉を拾ってきました。と同時に、ミニコミや同人誌の世界では、私はどうせマスコミなどとは関係ない、どうせ取り上げてくれない、という空気もあったと思うのです。ところが、最近はそうではなくなった。なぜかというと、ネットがあるから。そこでは、相互交流が可能になった。つまり、インタラクティブだということです。記者たちも記事を書きながらツイッターでつぶやく。テレビのニュース番組オンエア中にツイートが殺到するなど、ネットの普及も悪いことばかりではないと私は思います。

なので、たとえば、出版界はそこをどうやって使っていくのかということは、やはり重要な課題ではないでしょうか。先ほど述べましたように、選挙にいかない、マスメディアにも意見をしない、デモにも行かない人が七〇％もいるという社会になってしまった以上、やはり言葉を大切にしたいと思っている人たちは、インタラクティブなインターネットというものを、うまく利用しない手はないのではないか。出版社も大学も、もっとその可能性を探っていくことによって、社会のさまざまな誤解やギャップを埋めることができるのではないかと、私は考えています。

それはなぜかというと、私自身が、#MeToo運動などにかかわって、若い人たちに教えられたからです。今、私の周りにいる若い人たちは、自ら発信しながら、仲間を増やして社会運動を楽しく明るく実践できるということを身をもって教えてくれました。どんどん発言をして、しかも、楽しそうに、おしゃれな感じでやっていて、いいなと思うのです。そこに私も入れてもらうという体験をして、しみじみいいなあと思うわけです。インタラクティブなインターネットを、今後どのように使っていくかが課題かなと思いました。

細川　本当は、あまりインターネットを上手に使えないのですが、私にはデジタルの画面というものに、ちっとも本物らしさが感じられないわけです。何時間かパソコンを開けてみて、そうか、今の世の中はこうか、こう考えている人がいるのか、じゃあね、またってシャットダウン。これでおしまいです。その後で何人かの友人とは話をし、実際に会い、デモに近いようなこともし、というような、ちょっと小さい活動家でもありますけれども、パソコンの画面からは何も伝わってきません。旧世代なのです。各種のメッセージや文書はコンピュータで書いてそのまま送りますが、自分の署名の入る出版原稿は、たとえウェブ雑誌でも印刷して目を通さないと、気が済みません。もちろん校正は紙に書きこまないとうまくいきません。「実感」といってますが、うまく説明できません。

林さんだけではなく、文学にしても、ネット文庫で読んでも、これはちっとも読んでいる気がしない。都合で、仮に読んでいるというだけ。検索して確認しているだけ。紙が私にとっては大事なものです。紙依存症と呼んでもらってかまいません。だから、きょうの石井さんの話はよくわかりました。

林　それはそれでいいと思いますけれども、そうではない人が増えています。

細川　そう、それは間違いありません。

林　それで、紙でないと駄目な人は、そうでもない人たちに対する見方を変えてみてはと思います。スクリーンに映るものではいいかげんだろうというような思いは、やはり少し見直したほうがいいかなと思うのです。

電子書籍か紙の本か

石井　電子書籍は、フォーマットによってはページをめくらずに、絵巻物のようにスクロールさせて読めるものがあります。そうすると、ページをめくったときにテキストが途切れて前に何が書いてあったかが一瞬わからなくなってしまうという現象が発生せずに、ずっと続けて読める。これは今の紙の本にはない良さです。

それから、私はこういう仕事をしていますので、たぶんいつか目ん玉がつぶれると思います。デジタルにしておくと、目に限界が来たときに音声に変えて聴くことができます。これも電子書籍の良いところだと思います。

電子書籍をつくる人たちには変に生真面目なところがあって、一所懸命紙を再現しようとするのです。電子書籍によっては、紙をめくる状態までわざわざアニメーションで再現して、シャリッという音まで入れる。でも私は、音の再現にエネルギーを使うよりは、電子だからできることをしたほうがいいのではないかと思います。特に重たい専門書などは、デジタル化されたほうがいい。大学の出版会の本を買うたびにいつも思うのですが、重い（笑）。

田村　デジタル化は索引機能などにも有効ですね。

石井　はい。とにかく重い専門書はどんどんデジタル化していただきたいと思います。特に名古屋大学出版会あたりの本を買ったときなどは、いつも重いと思います（笑）。関西学院大学出版会さんは、軽量化を目的とする電子化はお考えなのでしょうか。ここでそんな質問をしてもあれかもしれませんが(笑)。

田村　関西学院大学出版会には電子出版そのものはありません。

石井　こういう電子書籍の話をするときにいつも思うのが、デジタル対アナログとかいう二項対立になってしまうもったいなさです。先ほどのスリップのお話がそうですけれども、紙で育ってきた人たちのスキルのいくつかは、デジタル育ちの人に伝えてほしい。デジタルの側も、いいところはもらって、要らないところは受け取らなければいい。私は両方を行き来しながら仕事をしているつもりなんですが、こういう話を本の集まりでしても、評判が悪いのです。「石井は紙の本の味方だと思っていた」と言われてしまう。お互いの話はもう少しお互いに聞いたほうがいいのではないか、と。大阪文学学校ではそういうことは起きないのですか?

細見　大阪文学学校も面白くて、入学はほとんどがオンラインです。一時は『文藝春秋』の芥川賞発表掲載号に広告を載せるなど、いろいろとしていたのです。『朝日新聞』など新聞にもまだいくつか、募集の広告を載せるのですけれども、ほとんどウェブでの入学です。ウェブで入ってきた人も、実際に顔を合わせてというやり方が基本になります。通信教育もありますから、その場合はスクーリングなどに頼ることになりますが、そういうふうなじみ方をしてほしい。ただ、言われるように、やはり使い分けは大事ですね。

文学学校とは別に、私は神戸・ユダヤ文化研究会というところにいますが、そこでは年に三回ぐらい文化講座というものをやります。そして、年に一回『ナマール』という機関誌を出しています。しかし、紀要の出版には非常にお金がかかるので、どうしようかという話になっています。もういっそ、やはりデジタル化にしようかと議論をしました。神戸・ユダヤ文化研究会は会員がそんなに多くなくて、五〇人弱ぐらいですが、文化講座のときに、三回やってもなかなか会員が全員集まらない。毎回、来る会員は七、八人です。そして、一般の方が各回に二〇人ぐらい、テーマによって聞きに来てくださる方もいます。三回文化講座をやっても、会員が全員集まるわけではないし、その上で機関誌がデジタル化されたら、もう会自体がどこにあるかわからなくなります。これでは会の実体が本当になくなってしまうなということが、正直あります。

逆に、私たちの側にはいまだに、会というものは目の前で人が集まって、そして二二年間続けてきたから雑誌が二二冊あって、というようなイメージから、抜け切らないといえば抜け切らないのです。しかし、デジタル化することで、やはり文字どおり実体がなくなることが非常に不安になります。もちろんホームページはデジタルです。文化講座の案内もそこに出る。それから、最低限のバックナンバーの掲載もしているけれども、それが本当にすべてデジタルになってしまったら、文化講座に人は集まらないわ、出来上がった年刊の雑誌もデジタルだとしたら、自分たちは何をしていたかがわからなくなる。私がその雑誌の編集に二〇年ぐらいかかわってきたとすれば、やはり雑誌二〇冊がそこにある。そうすると、自分はこういうことをやってきたのだと、わかりやすく振り返ることができる。しかし、ウェブ上にありますよと言われると、非常に頼りないものを感じる。そういう点は本当に細川さんと同じで、旧時代的なのかもしれない。そのあたりの兼ね合いが、いろいろな場所で問われているのではないかという気がします。

石井　私が紙の本を作っていて「いいな」と思うのは、縦と横と高さがあることです。これは金を取っていいだろうという気になるのです。デジタルですと、ウェブの上にぺろんと載せたときに、それだけで金を取っていいだろうと思ってしまうのです。

細見　限りなくYouTubeに近づいてくる。

石井　はい、ユーチューバーのようにウェブでビジネスをやって金を取っている人もいっぱいいるわけです。その人たちの、「これで金を取れるぜ」と思う根拠のようなものが私の中にはまだなくて、その根拠を早く手に入れたいなと思っているのです。

全然違う質問をしていいですか？　細川先生にぜひお伺いしようと思っていたことがあるのです。きょうは、ブラジルに行って書いた人の話をお聞きしたわけですけれども、たとえば台湾の温又柔《おんゆうじゅう》さんや、中国の楊逸《ヤン・イー》さんのように、ブラジルから日本に来て書いている人は今いるのですか？　今後そのような、外国から日本に来て書く人が出てくるという可能性をお感じになるときはありますか？

二一世紀の文学の受容とインターネット

細川　日系二世の文学部教授のオスカル・ナカサトが終戦直後の「勝ち組」抗争を表に扱った『ニホンジン』という小説で、ブラジルの文学賞を受賞しています。戦前、同じ船でブラジルへ渡った二人の少年のうち、一人は日本戦勝を信じ、過激派集団に加わり、もう一人は日本敗戦を認識し、ブラジル主流社会の立場から友人を説得しようとする……という物語です。ただ、それが文学の潮流になるということはたぶんないでしょう。ナカサトも生粋の小説家ではありません。ノベルティーで終わってしまうのではないかと私には思えます。近隣国との交流の深さとは比較になりません。

石井　それは、そういう作品を読む人がこの国にいないからという話になってしまうのですか？

細川　というか、日本ではブラジルに興味がある人が、そんなに多くないと思います。

石井　ブラジルのことを書かなくても、出自がブラジルからやってきた日系三世で、書いているのはライトノベル――といった可能性は出てきませんかね？

細川　ちょっと私には、そこまではわからないです。日本に定住するブラジル出身の二世・三世から文学を職業にする人が現れても不思議はありませんが。ポルトガル語か日本語で書く人でしょうか。

石井　どちらでもいいのですが。

細川　どうでしょう。仮にポルトガル語で書いても、日本語に訳す人はほとんどいないから、英語で書くのとはだいぶ違いますよね。何か日本語で書く人がいれば、またちょっと注目したいと思います。ただし、まだ発見していません。日本語訳もある北米三世のカレン・テイ・ヤマシタが、一〇年のブラジル経験の後、『ぶらじる丸』のなかで、ナカサトよりも文学表現としては凝った形で勝ち負け問題を扱っています。国境や民族を超えたり、その際の摩擦に主題をおく文学に、皆さんの関心が集中しているようなので、彼女たちについてもっと話せば良かった。日系ブラジル人を扱った英語文学で、『蒼氓』と似た立ち位置にある作品です。

石井　なぜこの質問をさせていただいたかというと、たとえば、ブラジルという土地は日本の移民を受入れて、日本の移民が、歌ったり踊ったり、物を書いたりすることを結果として許容したと、私は理解したわけです。それに対して、私たちは、やって来るものに対して同じ許容ができるのかという興味なのです。

細川　どうでしょう。つまり、日本語で書いたり何なりをしていったのは二〇世紀ですよね。だから、それこそ今のメディアと状況が違います。二一世紀になってこれから来る人に、日本であろうがどこでもいいのですが、その人たちが書くなり踊るなり歌うということは、だいぶ意味が違います。そう思わないですか？

石井　なるほど。

細川　そこは私も結論が出ないのですけれども、私のやっていたことは二〇世紀だなと思います。二〇世紀の話を本にしたのだなということです。常々というか、このデジタル化が進むにつれて、この頃特に思います。ブラジル二世・三世はほかのブラジル人なり日本人なりと同じく、インターネットなしでは暮らせないでしょうが、日本語を使う一世なり準二世はどうでしょうか。日本の高年齢層と変わらないでしょう。ポルトガル語環境のなかで生きているわけで、孤立感は本国の日本語使用者以上だと思います。

田村　さまざまな議論が出て、インタラクティブなメディアとしてのインターネットを、もっと使うべきだという話もありました。今まで二〇年やってきたわけですけれども、これからさらに、この関西学院大学出版会でも「ことば」ということを中心に置いて考えていきたいと思います。

※このりぶれっとは、二〇一八年四月二一日、関西学院大学にて開催された関西学院大学出版会設立二〇周年記念シンポジウム「いま、ことばを立ち上げること」の記録を補正したものです。

※当日プログラム

関西学院大学出版会
設立20周年記念シンポジウム

2018年
4月21日土

開場 13:30／開演 14:00

［会場］関西学院大学
西宮上ケ原キャンパス
B号館 103 教室（定員200人）

※一般の方々の聴講も歓迎します。
どなたでもお気軽にご参加下さい。

いま、ことばを立ち上げること

参加費
無料
申込不要

〈プログラム〉

14:00 〜 14:15	開会挨拶・登壇者紹介・趣旨説明
14:15 〜 14:35	◆発表① 林　香里（東京大学情報学環教授） 「言葉はなぜ立ち上がらないのか?　『メディア不信』と日本社会の行方」
小憩	
14:40 〜 15:00	◆発表② 細見和之（京都大学教授） 「生きる糧になる言葉をもとめて——大阪文学学校校長として」
休憩15分	
15:15 〜 15:35	◆発表③ 石井伸介（苦楽堂代表） 「『あたりまえのこと』ほど伝わらない」
小憩	
15:40 〜 16:00	◆発表④ 細川周平（国際日本文化研究センター教授） 「ブラジルで書く日本語——松井太郎の場合」
休憩15分	
16:15 〜 17:25	◆パネルディスカッション・質疑応答 ◎テーマ　「いま、ことばを立ち上げること」 ■パネリスト 林　香里（東京大学情報学環教授） 細見和之（京都大学教授） 石井伸介（苦楽堂社長） 細川周平（国際日本文化研究センター教授） ■コーディネーター 田村和彦（関西学院大学出版会編集長・関西学院大学国際学部教授）
17:25 〜 17:30	閉会挨拶

［主催］関西学院大学出版会　［後援］関西学院大学・関西学院大学生活協同組合

シンポジウム開催趣意書

関西学院大学出版会は 1997 年 4 月に有志によって立ち上げられた。その後、世紀をまたぎ、21 世紀も船出してからすでに相当の年月を経ているはずだが、世界はますます混迷の度を深めている。その混迷の始発点となる 2001 年の 9.11 同時多発テロ以降、ほぼ毎年のように世界を揺るがすような事件が続いた。イスラムの政変、アフガニスタン紛争、世界的な金融危機、EU の激動など。日本においても 2011 年の 3 月 11 日の東日本大震災とそれに続く東京電力福島原子力発電所の被災と原子炉溶解（メルトダウン）が、将来を見通せないような暗雲となって時代を厚く覆っている。

この時代において特徴的なのはしかし、世界を震撼させるような「未曾有の」出来事（事故や事件や災害、戦争）が次々に起きていながら、それらが順に絵の具を塗り重ねられるように新たな層の下に埋もれ、人々の記憶から薄れていくことではないだろうか。その際、ファクトやトゥルスといった言葉も持続や継続を保証するものではない。

昨年、OECD はイギリスの EU からの脱退という大方の予想に反する国民的選択を受けて、客観的な事実よりも、個人の感情や信条へのアピールの方がより影響力があるような状況を指すポスト・トゥルス post-truth（「真実ならざること」）という言葉を 2016 年の流行語 Word of the year として選んだ。一方、米大統領に選任されたトランプ大統領就任式の「観客は過去最多だった」とする自画自賛を嘘だとメディアが報道したのに対し、ホワイトハウス側が使った alternative facts（代替的事実）という弁明も注目された。事実や真実がこれほど重みを失い、それを伝えるべく発信された「ことば」が、これほど信頼に値しないものとして語られる時代はないのではないか。「ことば」はむしろ、共感を与えたり、行動の基盤を作り出すより、人々が現実から目をそらすための分断の材料にされているかにさえ見える。

事実や真実が軽視される時代において、「ことば」にはどのような可能性が残されているのだろうか。また、「ことば」を立ち上げ、それを伝える本づくりや出版という事業には、どのような役割があるのだろうか。様々な立場から「ことば」の立ち上げの現場に関わってきた方々を迎え、「世界をことばにすること」、「日本語で発信するということ」、「地方からの出版」を切り口に、「いま、ことばをどう立ち上げるか」というテーマでシンポジウムを行いたい。

〈著者略歴〉

林　香里
（東京大学教授）

1963年名古屋市生まれ。

専門　ジャーナリズム／マスメディア研究。

ロイター通信東京支局記者、東京大学社会情報研究所助手などを経て、現在東京大学大学院情報学環教授。

〈著書〉

『メディア不信—何が問われているのか』岩波新書、2017年。『〈オンナ・コドモ〉のジャーナリズム—ケアの倫理とともに』岩波書店、2011年。『テレビ報道職のワーク・ライフ・アンバランス—13局男女30人の聞き取り調査から』大月書店、2013年（共編著）。

細見和之
（京都大学教授）

1962年兵庫県丹波篠山市生まれ、丹波篠山市在住。大阪大学大学院人間科学研究科博士後期課程修了。現在、京都大学大学院人間・環境学研究科教授。専門はドイツ思想。20歳のころから詩を書き、文学と哲学を二本の柱としてきた。同時に、大学卒業後生徒として入学していた大阪文学学校の校長を、2014年から務めている。

〈著書〉

『アイデンティティ／他者性』岩波書店、1999年。『フランクフルト学派』中公新書、2014年。『「投壜通信」の詩人たち』岩波書店、2018年3月。

石井伸介
（苦楽堂代表）

1963年北海道生まれ、東北育ち。1986年、文教大学情報学部卒。同年、プレジデント社入社。「プレジデント」副編集長、書籍部長等を経て2013年退職。2014年、神戸にて株式会社苦楽堂を創業。

〈主要編集担当書籍〉

『海の本屋のはなし』平野義昌著、2015年。『本屋、はじめました』辻山良雄著、2017年。『スリップの技法』久禮亮太著、2017年。

細川周平
（国際日本文化研究センター教授）

1955年大阪生まれ。国際日本文化研究センター教授。専門は音楽文化史、日系ブラジル文化史。

〈著書〉

『遠きにありてつくるもの—日系ブラジル人の思い・ことば・芸能』みすず書房、2008年（読売文学賞受賞）。『サンバの国に演歌は流れる』中公新書、1995年。『シネマ屋、ブラジルを行く』新潮選書、1999年。『日系ブラジル移民文学　日本語の長い旅』（全二巻）みすず書房、2012-13年。

K. G. りぶれっと No.50

いま、ことばを立ち上げること

2019年11月30日 初版第一刷発行

著　者　林　香里・細見和之・石井伸介・細川周平

発行者　田村和彦
発行所　関西学院大学出版会
所在地　〒662-0891
　　　　兵庫県西宮市上ケ原一番町1-155
電　話　0798-53-7002

印　刷　協和印刷株式会社

ISBN 978-4-86283-296-2

関西学院大学出版会「K・G・りぶれっと」発刊のことば

大学はいうまでもなく、時代の申し子である。

その意味で、大学が生き生きとした活力をいつももっていてほしいというのは、大学を構成するもの達だけではなく、広く一般社会の願いである。

研究、対話の成果である大学内の知的活動を広く社会に評価の場を求める行為が、社会へのさまざまなメッセージとなり、大学の活力のおおきな源泉になりうると信じている。

遅まきながら関西学院大学出版会を立ち上げたのもその一助になりたいためである。

ここに、広く学院内外に執筆者を求め、講義、ゼミ、実習その他授業全般に関する補助教材、あるいは現代社会の諸問題を新たな切り口から解剖した論評などを、できるだけ平易に、かつさまざまな形式によって提供する場を設けることにした。

一冊、四万字を目安として発信されたものが、読み手を通して〈教え—学ぶ〉活動を活性化させ、社会の問題提起となり、時に読み手から発信者への反応を受けて、書き手が応答するなど、「知」の活性化の場となることを期待している。

多くの方々が相互行為としての「大学」をめざして、この場に参加されることを願っている。

二〇〇〇年　四月